MANUAL DO SPITZ ALEMÃO O LULU DA POMERÂNIA

Márcio Infante Vieira

MANUAL DO SPITZ ALEMÃO O LULU DA POMERÂNIA

Prata
São Paulo-SP

Editor-chefe: Eduardo Infante
Projeto gráfico de miolo e capa: Julio Portellada
Diagramação: Estúdio Kenosis
Fotos da capa: Multi Ch. Thay Silk Hot Dog - Parker, Russo - Prop: Diogo Salas Ortiz - Canil Little Crystal.
Fotos da quarta capa: Cedidas por Diogo Salas Ortiz - Canil Little Crystal.
Fotos sem legenda no miolo: www.freepik.com

Dados Internacionais de Catalogação na Publicação (CIP)
(Câmara Brasileira do Livro, SP, Brasil)

Vieira, Márcio Infante
Manual do spitz alemão : o lulu da Pomerânia / Márcio Infante Vieira. -- 1. ed. -- São Paulo, SP : Prata Editora, 2023.

ISBN 978-65-86262-08-7

1. Animais de estimação 2. Cães - Cuidados 3. Spitz alemão (Cães) - Criação I. Título.

23-158485 CDD-636.7

Índices para catálogo sistemático:

1. Cães : Criação : Ciências veterinárias 636.7

Tábata Alves da Silva - Bibliotecária - CRB-8/9253

Prata

Prata Editora e Distribuidora
www.prataeditora.com.br
facebook/prata editora

Impresso no Brasil/*Printed in Brasil*

Sumário

Eitan - macho, Russo, 3 anos - prop. Diogo Salas Ortiz - Canil Little Crystal.

Apresentação

O Spitz Alemão é um cão que está conquistando um número cada vez maior de lares no Brasil e no mundo. Em grandes cidades, onde a maior parte das pessoas vive em prédios, ter um cão de companhia pequeno é uma boa vantagem! Em nosso país, ele é um dos cães mais populares, sempre figurando entre as 10 raças com o maior número de registros.

O temperamento desse lindo cãozinho é dócil e ele é muito apegado aos seus donos. A versão menor desta raça, o Spitz Anão, é conhecida como "Lulu da Pomerânia" e muitas pessoas acabam acreditando que o Spitz e o Lulu da Pomerânia, ou somente "Pomerânia", como muitos o chamam, são raças diferentes.

O Spitz é um amigo realmente fiel. Ele é extremamente dedicado aos seus donos, mas é um pouco relutante com estranhos. Apesar de, obviamente, não ter porte para ser um cão de guarda, ele sempre tenta defender seus donos e é capaz de latir bem alto para alertar sobre possíveis perigos ou ameaças. Ele pode não servir para atacar, mas pode ser bem barulhento para avisar sobre a presença de estranhos!

Ele é um cãozinho muito simpático, ativo e que está sempre pronto para brincar! Sua inteligência também é uma característica marcante e, por isso, seu adestramento é mais fácil do que o de muitas outras raças.

Neste livro você vai conhecer todas as características desse adorável cãozinho, seu temperamento, hábitos, treinamento, cuidados e muito mais. Vai conhecer também o padrão oficial da raça, que abrange as três variedades de tamanho desse cão: Spitz grande, Spitz médio e o Spitz pequeno ou anão. Conheça a história do desenvolvimento do Spitz e como ele passou a ser uma das principais raças de pequeno porte para companhia. Mas o mais importante é que, depois de ler este livro, você vai estar muito melhor preparado para cuidar do seu amiguinho!

Ser dono de um Spitz é ter a certeza de encontrar um amigo fiel, capaz de dar muito amor e carinho. Mas não se esqueça: o seu amiguinho também adora ser "paparicado"!

Com a ajuda deste livro, você vai ter muito mais condições de dar os melhores cuidados possíveis para o seu pequeno companheiro!

Preste muita atenção e boa leitura!

Eitan - macho, Russo, 3 anos - prop. Diogo Salas Ortiz - Canil Little Crystal.

CAPÍTULO 1

Conheça melhor o Spitz Alemão

Expectativa de Vida

Normalmente, a expectativa de vida de um cão da raça Spitz Alemão é de 12 a 15 anos, mas em alguns casos chegam até os 18 anos de idade.

Temperamento e personalidade

O Spitz é um cão que possui um ótimo temperamento, sendo sociável e dócil. Ele é alegre e gosta de ficar "grudado" com o seu dono, mas sabe ser independente! Também gosta muito de ficar junto das pessoas que lhe agradam e que lhe fazem carinhos. Sua alegria faz com que pareça estar sempre de "bom humor". É extremamente leal aos seus donos e um pouco desconfiado com estranhos, apesar de socializarem rapidamente.

Quando você receber visitas, de início, o Spitz realmente poderá ficar desconfiado e não ser receptivo, mas se a visita ficar um pouco mais de tempo na sua casa, ele se aproximará aos poucos e logo passará a gostar do visitante.

Ele pode aprender a conviver com um gato, especialmente se essa convivência começar enquanto o cão ainda for um filhote. À medida que o Spitz for ficando mais velho, a possibilidade de que seja desenvolvida uma boa relação com um gato fica cada vez menor.

É um cão muito inteligente, alegre e que gosta de participar das atividades da família!

Cheio de energia, o Spitz gosta muito de brincar com seus donos ou pessoas com quem ele costuma conviver. Muitas vezes, a sua alegria se traduz em latidos! Ele também pode latir quando está entediado e quer brincar! Mas se você não puder satisfazer a vontade de brincar do seu pequeno amigo, deixe brinquedos à disposição dele! O Spitz se dá bem com outros cães e se diverte bastante quando está em um grupo.

Ótimo companheiro

O Spitz, assim como muitos cães de outras raças, apesar de ter um ótimo grau de sociabilidade, sempre escolhe uma pessoa da casa para ser seu dono, ou "líder". Isso porque, desde os tempos ancestrais, quando os cães viviam em matilhas, havia sempre um líder de seu grupo social. Nos dias de hoje, os cães vivem em famílias humanas, mas também acabam escolhendo uma pessoa como "líder da matilha", que será considerado sempre como o seu "melhor amigo", por toda sua vida.

A convivência com o dono e sua família

O Spitz, como já mencionado, gosta muito da companhia de humanos e de brincar. Ele se dá bem com todos da casa, inclusive crianças, mas sempre escolhe um membro da família como seu "queridinho". Essa pessoa pode ser até mesmo a criança da casa!

É um cão ótimo para ser criado em apartamentos, o que tem feito desta raça uma das maiores "febres" nas grandes cidades atualmente. Sempre existem raças de cães que caem nas graças dos moradores das grandes cidades brasileiras e de outros lugares no mundo e, definitivamente, estamos vivendo a "era" do Spitz e, mais especificamente, do Pomerânia ou Lulu da Pomerânia, a versão anã do Spitz Alemão.

Por ser pequeno e não necessitar de grandes áreas para se exercitar, viver em apartamentos, até nos pequenos, não é um problema para o

Spitz. Entretanto, como todos nós, o Spitz também deve praticar alguma atividade física diária, como correr, passear, brincar etc. Para isso, bastam 15 a 20 minutos diários. Passear e brincar com eles dentro de casa já são atividades suficientes para o Spitz. As brincadeiras em casa mais interessantes são as de correr, mas brincar com algum bichinho de pelúcia ou com brinquedos específicos para cães, desde que façam o cãozinho se movimentar, já resolve!

Não podemos esquecer que os passeios de rua só devem ser feitos depois de 15 a 20 dias que tiverem sido aplicadas as últimas vacinas, para que não haja risco de contaminação. Para informações mais precisas sobre quando poderá levar seu cãozinho para passear pela primeira vez, consulte o médico veterinário que estiver atendendo o seu filhote.

O Spitz e as crianças

Os cães da raça Spitz Alemão, na maioria das vezes, convivem bem com crianças; gostam de brincar com elas e muitas vezes agem como verdadeiras crianças! A única ressalva que devemos fazer é ensinar às crianças da casa, principalmente às menores, a nunca maltratar o cãozinho ou fazer brincadeiras "bruscas" que assustem ou possam ferir o Spitz, especialmente o Pomerânia, que é menor! Crianças muito pequenas devem ser observadas de perto enquanto brincam com o cãozinho, para evitar possíveis "puxões" e "arranhões"! É muito comum que crianças pequenas procurem abraçar ou chacoalhar o cãozinho com força, ou mesmo jogar objetos sobre ele.

Devemos ensinar que os cãezinhos são frágeis, que sentem dor e medo, assim como nós. Esta é uma forma de incentivar os pequenos a olhar para os animais como seres semelhantes a nós, que devem ser respeitados e protegidos.

Hábitos do Spitz

O Spitz é um cãozinho que gosta de estar limpo e de lugares limpos! Ele nunca se deita em locais sujos ou nos quais faz as suas necessidades.

Para isso, ele deve dispor de áreas determinadas. Depois de treinado, ele só faz as suas necessidades nos lugares destinados a lhe servir de "banheiro". Nessas áreas podemos deixar as fraldas ou tapetes higiênicos, pois eles absorvem a urina e reduzem o cheiro. As fezes também podem ser feitas no tapete higiênico, o que facilita muito a limpeza do local.

Esses cãezinhos gostam muito de deitar ao lado do seu dono, de preferência, recebendo carinhos. Também gostam de deitar em locais com piso frio, pois essa é a melhor forma que encontram para baixar a temperatura do corpo em dias quentes ou quando estão sentindo calor.

Apesar de ser um cão com uma tendência maior a latir, quando fica sozinho ele acaba não latindo muito. Aliás, ele é um cão que fica muito bem sozinho por um período razoavelmente grande; desta forma, os donos de Spitz podem ir trabalhar ou sair de casa sem maiores preocupações. E esse é um dos grandes motivos por que esse lindo cãozinho está sendo cada vez mais adotado em lares das grandes cidades, onde as pessoas saem todos os dias para o trabalho, deixando seu animalzinho sozinho em casa, mas querem ter a certeza de que ele ficará bem.

CAPÍTULO 2

As origens do Spitz Alemão/Pomerânia

O Spitz alemão é uma raça originária da Europa Central, mais especificamente da Alemanha. Os animais dessa raça são, possivelmente, descendentes de cães pastores de raças nórdicas Spitz. Cães do tipo Spitz são animais que se assemelham a lobos, com focinho pontudo, orelhas eretas e pelagem dupla.

Todas as raças Spitz se originaram de cães da Sibéria e outras regiões árticas, espalhando-se por regiões da Ásia, como Mongólia, China e Japão. Por essa razão, Spitz de outras regiões do mundo, como o Akita, também tem ancestrais em comum com o Spitz Alemão. Os cães Spitz já existem na Europa há milhares de anos. Estudos arqueológicos mostraram que eles já viviam com humanos há cerca de 6.000 anos.

Outras raças compartilham a ancestralidade com o Spitz Alemão, como o Samoieda e o Lapphund Sueco. Acredita-se que esses cães se espalharam por boa parte da Europa continental e pela Grã-Bretanha durante a Idade Média, com os vikings. As primeiras referências escritas sobre esses cães datam de 1450, quando o conde alemão Eberhard Zu Sayn se referiu a eles como "defensores valiosos".

Os primeiros exemplares de Spitz Alemão chegaram ao Reino Unido na primeira década do Século XVIII, quando o Rei George I casou-se com uma nobre alemã. Depois disso, muitos nobres alemães casaram-se com nobres inglesas e os que foram morar no Reino Unido levaram cães dessa raça. Anos depois, também no Reino Unido, a rainha Vitória passou a ser uma entusiasta de cães Spitz. Ela foi a maior responsável pela popularização da raça no país.

Antes de ser popularizado como cão de companhia, o Spitz Alemão era comumente criado em fazendas e utilizado em várias atividades, principalmente como cão de pastoreio e de guarda. Por ter um latido forte e agudo, ele era utilizado para avisar a presença de intrusos. O Spitz era muito eficiente como "alarme", pois se posicionava em lugares estratégicos, de onde pudesse ver a chegada de intrusos e, quando isso acontecia, latia muito e muito alto!

Com o passar do tempo, os criadores de Spitz Alemão promoveram cruzamentos seletivos que resultaram na redução do tamanho da raça e, por essa razão, os Spitz acabaram se tornando pequenos cães de companhia.

Apesar de nunca terem desaparecido completamente na Europa, o número de cães da raça Spitz Alemão foi drasticamente reduzido naquele continente durante a Primeira Guerra Mundial. Isso porque o sentimento anti-germânico foi muito forte, fazendo com que a popularidade dessa raça caísse muito, e esses cães praticamente desaparecessem de países como a Grã-Bretanha. A raça só recuperou sua popularidade a partir dos anos 1970, muitos anos depois do final da Segunda Guerra Mundial.

Desde a primeira referência escrita sobre a raça, o Spitz Alemão se desenvolveu em cinco variações: o Spitz Lobo (Kesshond/Wolfsspitz), também chamado de Spitz gigante, o Spitz grande (Großspitz), o Spitz médio, o pequeno e o Spitz Alemão anão, cuja versão é conhecida como Lulu da Pomerânia ou simplesmente Pomerânia.

O Pomerânia tem esse nome devido aos primeiros cães desse tipo terem sido criados na Pomerânia, uma região que compreende uma área da Alemanha e da Polônia.

Spitz Lobo (Wolfsspitz/Keeshond)

O Wolfsspitz/Keeshond é o maior Spitz. De acordo com o padrão oficial da raça, ele deve ter 49 cm de altura, com uma possível variação de até 6 cm, a mais ou a menos.

Spitz grande (Großspitz)

O Spitz grande é, na verdade, um cão de tamanho mediano. De acordo com o padrão oficial da raça, ele deve ter 45 cm de altura, com uma possível variação de 5 cm, a mais ou a menos.

Spitz médio

O Spitz médio, de acordo com o padrão oficial da raça, deve ter 35 cm de altura, com uma possível variação de 5 cm, a mais ou a menos.

Spitz pequeno

O Spitz pequeno é um cachorro de pequeno porte. De acordo com o padrão oficial da raça, ele deve ter 27 cm de altura, com uma possível variação de 3 cm, a mais ou a menos.

Pomerânia

O Pomerânia ou Lulu da Pomerânia ou, ainda, Spitz anão (Zwergspitz ou "Dwarf Spitz") é a menor de todas as variedades da raça Spitz Alemão. Geralmente pesa entre 1,4 kg a 3 kg e, de acordo com o padrão da raça, e tem de 18 cm a 24 cm de altura.

Parker - Macho Russo 2 anos - prop. Diogo Salas Ortiz - Canil Little Crystal.

CAPÍTULO 3

Alimentação adequada

Por melhores que sejam as características genéticas de um cão, em relação à qualidade da pelagem, ele somente apresentará uma boa cobertura de pelos se receber uma alimentação adequada, não só em quantidade, mas, principalmente, quanto à sua composição. Isso é necessário para que haja um balanceamento entre os componentes da dieta alimentar, o que colabora para melhor suprir as necessidades alimentícias do organismo do cão.

Sem uma boa alimentação, nenhum cão, ou qualquer outro animal, pode apresentar uma pelagem bonita e perfeita. Isso ocorre porque os principais elementos que compõem a formação dos pelos são as proteínas – substâncias responsáveis pela sua resistência, textura, cor e intensidade do brilho.

Outros elementos importantes que influenciam na formação e no desenvolvimento dos pelos dos cães são alguns minerais, como cobre, zinco e ferro.

As vitaminas também são indispensáveis para uma excelente pelagem. O consumo de vitaminas A, E e B5 (o ácido pantotênico) é muito importante, pois colaboram para a formação dos pigmentos, permitindo que os pelos adquiram uma coloração firme e bonita.

As gorduras poli-insaturadas também contribuem para melhorar a qualidade e a aparência dos pelos, dando-lhes um brilho mais intenso.

Entre essas gorduras, destaca-se o ácido linoleico, presente nos óleos vegetais de soja, girassol e milho.

Uma boa alimentação que possa nutrir e fornecer tudo o que o seu cãozinho precisa para ficar saudável, além de bonito, só é possível com boas rações ou com alimentos adequados.

As rações balanceadas

Alimentar os cães com o uso de rações balanceadas é o meio mais eficiente e prático que os donos e criadores podem adotar. Existem dezenas de tipos de rações, com características diferentes e aplicações variadas.

De uma forma geral, podemos dizer que as rações industrializadas são classificadas pelo porte e idade do cão. Algumas marcas são mais específicas, indicadas conforme a raça, ou para animais castrados, ou obesos, ou com problemas renais, cardíacos, diabetes etc.

Especialmente para cães cuja pelagem é uma das características principais, como no caso do Spitz Alemão/Pomerânia, a correta escolha da ração é um dos principais fatores que contribuem para a beleza e para a saúde do animal.

As rações podem ser classificadas também pela sua qualidade, ou seja, pelo teor nutritivo que oferecem ao animal. As melhores linhas de rações são as denominadas Premium, que apresentam a melhor composição balanceada que o animal poderá receber. Mesmo assim, entre as marcas de rações que trabalham com esse tipo de produto, existem aquelas que se destacam. Para uma correta avaliação, é necessário que seja feita uma comparação da composição e dos valores nutricionais que constam, obrigatoriamente, nas embalagens dos produtos.

Além das rações Premium, existem aquelas conhecidas como de segunda e terceira linhas. Essas rações são mais "fracas" no que diz respeito ao seu valor nutricional, tendo como ponto atrativo apenas o preço reduzido.

Como não encontramos nas embalagens de rações a indicação clara do tipo de linha do produto, ou seja, não há um saco de ração com a informação "segunda linha", "terceira linha" ou "ração com baixo teor nutritivo", a forma mais fácil de analisar a qualidade do produto é pelo seu preço: rações melhores são, invariavelmente, as mais caras. Apenas as rações Premium apresentam, em suas embalagens, a inscrição "Premium", para enfatizar ao consumidor a sua qualidade e justificar o valor pago pelo produto.

Existem outras denominações para as linhas de rações como, por exemplo, "Super-Premium" e "Standard". Essa nomenclatura pode auxiliar na identificação da qualidade das rações de primeira e segunda linhas.

O melhor, sempre, é manter-se informado sobre as marcas de ração disponíveis no mercado. É fácil obter esse tipo de indicação com médicos veterinários ou mesmo com profissionais de pet shops. É bom lembrar que as melhores marcas sempre zelam pela qualidade de seus produtos.

Para cães da raça Spitz Alemão/Pomerânia, especificamente, o melhor é fornecer rações Premium, se possível do tipo cuja composição auxilie na manutenção de uma pelagem mais exigente.

Para filhotes, devemos administrar rações específicas conforme as fases de crescimento, porque elas apresentam, em sua composição, todos os nutrientes necessários para o bom desenvolvimento do cãozinho, em cada etapa.

Como fornecer as rações

Além da qualidade da ração fornecida ao cão, é muito importante que o animal a receba da forma mais adequada. O melhor é fixar horários para o fornecimento da alimentação, de preferência, que seja oferecida duas vezes ao dia, sempre no mesmo horário. Com esta medida, o cão fica totalmente acostumado com a sua rotina, ajuda a regular as suas funções intestinais e, ainda, facilita as "caminhadas" ou "passeios" com seu dono, quando for o caso, pois todos os animais apresentam uma tendência a fazer suas necessidades fisiológicas após as refeições.

Se o cão estiver acostumado a receber comida caseira, devemos substituir, aos poucos, esse tipo de alimentação pelas rações industrializadas. Entretanto, trata-se de um processo lento. Por já ter desenvolvido o gosto pela comida caseira, a melhor forma de mudar esse hábito é misturar a ração à comida diária. Todos os dias, a proporção de ração na comida deve aumentar, enquanto a porcentagem de comida caseira deve diminuir. Desta forma, o cão passa a se alimentar de maneira mais saudável e não sofre um "trauma" com a mudança.

Não é indicado adicionar leite ou água à ração. Algumas pessoas acreditam que "amolecendo a ração", o cão achará a refeição mais apetitosa. Em primeiro lugar, se o cão já estiver habituado com a ração seca, acrescentar qualquer outro ingrediente é desnecessário e, ainda, esta prática pode fazer com que a ração se estrague em muito pouco tempo, tornando-a imprópria para o consumo. Salientamos, ainda, que muitas rações secas apresentam em sua fórmula componentes que ajudam o cão a "escovar os dentes" enquanto come. Isso, porém, só funciona no caso de a ração ser servida seca.

Outros alimentos

Além das rações balanceadas industrializadas, podemos fornecer aos cães vários "petiscos", como rações úmidas, frescas, "ossos" industrializados etc. Existem muitas latinhas e sachês disponíveis no mercado, com produtos industrializados de qualidade e de sabor bastante atrativo para os cães. Devemos, porém, tomar bastante cuidado para que o cão não comece a abandonar a ração balanceada para alimentar-se somente com seus petiscos.

As fezes e o valor alimentício da ração

Quanto menor for o volume diário das fezes expelidas pelo cão – tendo recebido a sua ração usual e na mesma quantidade –, maior podemos considerar a qualidade da ração que ele está recebendo. Isso se dá porque as melhores rações proporcionam um aproveitamento maior e melhor digestibilidade, ou seja, rações de melhor qualidade são mais aproveitadas no processo digestivo e, por consequência, fazem com que o cão produza uma quantidade menor de fezes.

Assim, quanto maior for a diferença entre a quantidade dos alimentos ingeridos e o "tamanho" das fezes, que deve ser sempre menor, maior é o volume de substâncias nutritivas absorvidas pelo organismo do animal.

Outra informação obtida na observação das fezes é pela sua consistência: quando firmes, indicam que os alimentos foram bem digeridos e assimilados. Quando as fezes estiverem moles ou líquidas, isso indica problemas ou distúrbios gastrointestinais como intoxicações, diarreias etc.

Descoloração dos pelos

Acromotriquia é o termo empregado para designar a descoloração ou "desbotamento" dos pelos, e pode ser causada por carência de vitaminas, de gorduras ou de minerais.

Esse problema apresenta-se com maior frequência quando os cães são nutridos com alimentos caseiros, principalmente quando não são diversificados, como é comum no caso de cães alimentados diariamente apenas com frango e arroz, por exemplo.

Quando os cães sofrem de descoloração dos pelos, é normal que eles apresentem, também, descamação da pele, ou seja, "caspas", "cascas" ou "seborreias", além de um desagradável cheiro, às vezes, bastante forte.

Para combater as causas desses sintomas, os cães devem receber, regularmente, suplementos ricos em vitaminas e sais minerais. Com o mesmo objetivo, pode ser ministrada a levedura de cerveja.

Este tipo de problema ocorre também com o consumo de rações que não são de boa qualidade, pois não costumam conter a quantidade necessária de nutrientes de que o cão necessita.

Alteração na cor ou avermelhamento dos pelos

Normalmente, a alteração ou avermelhamento da cor dos pelos dos cães Spitz Alemão/Pomerânia pode ser provocada pela alimentação ingerida, pelo corrimento de lágrimas sobre os pelos na região dos olhos ou pela saliva das lambeduras dadas pelo corpo, nas áreas que eles podem alcançar com a língua.

Quando essa alteração de cores ocorre devido a problemas alimentares, o avermelhamento aparece principalmente em volta da boca, entre o ânus e os órgãos genitais e também nas patas. Como essas alterações de cores na pelagem são consideradas "defeitos", devem ser tratadas e prevenidas. As lambeduras devem ser evitadas com o controle do cão; as lágrimas devem ser tratadas com colírios e a limpeza dos olhos feita com soro fisiológico duas vezes ao dia; e o regime alimentar do animal deve ser corrigido.

Mas lembre-se de consultar o médico veterinário do seu cãozinho para o diagnóstico preciso e o tratamento adequado para toda situação que surgir.

Snow - macho, branco, 2 anos - prop. Diogo Salas Ortiz - Canil Little Crystal.

CAPÍTULO 4

Cuidados com a saúde

A prevenção e o correto tratamento das doenças que os cães da raça Spitz Alemão/Pomerânia, ou de qualquer outra raça, possam vir a sofrer são providências vitais que todos os criadores e donos de animais precisam tomar, pois disso pode depender a vida do próprio animal e a saúde da família que o acolheu.

As principais doenças dos cães podem ser de origem infecciosa ou parasitária e, normalmente, exigem cuidados especiais e medidas rotineiras de prevenção. O mais importante para quem já tem ou deseja ter um cão, seja qual for a raça, é sempre procurar seguir a orientação de um médico veterinário, que cuidará do cãozinho desde os seus primeiros dias até a sua velhice. Sempre que o dono suspeitar de algum problema de saúde, ele deve procurar um veterinário o mais rápido possível, e nunca medicar seu cão sem a prescrição de um profissional. A seguir, veremos algumas doenças parasitárias e infecciosas que mais atacam os cães, seus sintomas, tratamento e prevenção.

Algumas doenças e a vacinação

Como a primeira vacinação deve ser feita somente quando os filhotes atingirem, no mínimo, 45 dias de idade, época em que, muitas vezes, já foram vendidos ou doados, o criador deve avisar ao novo dono que o cãozinho precisa ser vacinado para que fique protegido contra algumas doenças. Contudo, sempre é melhor adquirir um filhote só depois que já tiver sido vermifugado e recebido as primeiras vacinas.

Verminoses

O mais comum, e praticamente normal, é que as ninhadas sejam infestadas por vermes, principalmente o Toxocaracanis. Raramente uma delas se livra desse problema, por maiores que sejam os cuidados com a higiene dos ninhos e dos locais pelos quais andam os filhotes, pois eles podem se infestar ao mamar nas tetas da mãe, se ela estiver contaminada, o que não é difícil de acontecer porque a cadela pode andar em vários locais onde se encontram os vermes, seus "ovos" ou larvas.

São vários os sintomas da verminose no filhote: o cãozinho fica triste e abatido, com o ventre inchado e volumoso; tem emagrecimento progressivo e perda de peso; os pelos ficam opacos, sem brilho; há ocorrência de diarreia; mucosidade nas fezes; presença de vermes nas fezes ou, somente, "bolos de vermes", eliminados pelo ânus. Quando a infestação é muito extensa, o filhote deve receber um vermífugo antes mesmo da desmama, para que elimine os vermes e se recupere. Isso deve ser feito, porém, após consultar um médico veterinário. Os vermífugos são, em geral, comprimidos que devem ser colocados bem ao fundo da boca do filhote, e para evitar que ele cuspa, sua boca deve ser fechada até que ele engula o medicamento. Existem também os vermífugos injetáveis, que podem ser utilizados de acordo com as prescrições de um médico veterinário. A vermifugação deve ser adotada como rotina e os filhotes só devem ser vendidos ou doados depois de tomarem o vermífugo. Veja esta tabela com um cronograma para vermifugação:

Idade do cão	Vermifugação
30 dias	1ª dose do vermífugo
45 dias	2ª dose do vermífugo
60 dias	3ª dose do vermífugo

Anualmente, devemos dar uma dose de vermífugo ao cão, ou antes de completar um ano, se necessário, de acordo com a prescrição do médico veterinário.

Cinomose

Doença infecciosa muito contagiosa, causada por um vírus. Seus sintomas podem ser os mais variados. Um deles, bastante comum, é o aparecimento de "bolinhas" amareladas, de pus, na barriga do animal. Pode atacar o aparelho respiratório ou digestivo, bem como o sistema nervoso dos cães. Qualquer cão, independentemente da raça, pode ser atingido por esta doença, especialmente quando filhote, entre dois a seis meses de idade. Fique atento, pois a cinomose pode ser fatal.

Existe uma vacina eficaz contra essa doença e que deve ser aplicada aos dois meses de idade. É preciso dar uma dose de reforço 30 dias após e outra 60 dias após a primeira dose. A vacinação (com dose única), deve ser repetida anualmente.

Hepatite

Ataca o fígado e causa, também, dores abdominais, sangramento e depressão, entre outros sintomas. Os cães muito jovens e os muito idosos são os mais sujeitos a essa doença. Os filhotes devem ser vacinados contra a hepatite, recebendo a primeira dose aos 2 meses de idade e, depois, a segunda e terceira doses, respectivamente, 30 e 60 dias após a aplicação da primeira. A vacinação deve ser repetida anualmente.

Leptospirose

É transmitida, principalmente, pela urina dos ratos. É transmissível ao homem. Seu diagnóstico clínico não é muito fácil, porque não apresenta sintomas específicos, sendo eles bastante gerais como, por exemplo, fraqueza, perda de apetite, vômitos e febre alta. A vacina contra essa doença deve ser aplicada aos dois meses de idade, com uma dose de reforço aos

30 e outra aos 60 dias, após a primeira dose. A vacinação deve ser repetida anualmente.

Parvovirose

Produzida por um vírus, é uma doença grave, que ataca os cães de todas as idades e pode ser mortal. A vacina contra essa doença deve ser aplicada aos 2 meses de idade e repetida, como reforço, 30 e 60 dias após a aplicação da primeira dose e, depois, com uma dose repetida anualmente.

Coronavirose

Causada pelo Coronavírus (CCV), é uma doença altamente contagiosa e de elevada mortalidade, principalmente entre os cães jovens. Já está espalhada por todo o mundo. Não é transmissível ao homem. Seus primeiros sintomas são: prostração, letargia, falta de apetite, diarreia com forte cheiro fétido característico e com muco, vômitos biliosos, espumantes e, às vezes, sanguinolentos.

O período de incubação dessa doença pode ser de 24 a 36 horas, ou mais longo. Os animais podem se recuperar, o que ocorre, em geral, em 7 a 10 dias. Para combater essa doença, o melhor é vacinar os cães aos 60, 90 e 120 dias de idade.

Parainfluenza

É muito contagiosa, atacando o sistema respiratório dos cães de qualquer idade. É transmitida por contato direto ou indireto com cães doentes, sendo uma das doenças mais perigosas para eles. Os sintomas incluem febre alta, tosse forte com catarro ou mucosidade. Dura, normalmente, de 2 a 4 semanas. Quanto mais rapidamente o cão for medicado, maiores serão as suas possibilidades de recuperação. Existe uma vacina eficaz contra essa doença e os filhotes devem ser vacinados como rotina. Existem, também, vacinas múltiplas, que podem imunizar contra 6 a 10 doenças, inclusive a parainfluenza.

Raiva

Doença mortal, para a qual não existe cura depois do aparecimento de seus sintomas. É causada por um vírus, sendo transmissível ao homem e outros tipos de animais. É transmitida pelo contato direto da saliva contaminada do cão raivoso, por lambeduras ou mordidas. A vacina contra a raiva, conhecida como antirrábica, deve ser aplicada nos cães aos 5 meses de idade e, depois, repetida anualmente.

Cronograma de vacinação

Para que os cãezinhos fiquem protegidos dessas e de outras doenças, é indispensável que sejam corretamente vacinados. O melhor, para isso, é seguir o cronograma de vacinação indicado por um médico veterinário, como o que apresentamos a seguir.

TABELA DE VACINAÇÃO	
Idade do cão	**Doenças e vacinas**
60 dias	1ª – cinomose, hepatite, leptospirose, parvovirose, coronavirose e parainfluenza
90 dias	2ª – cinomose, hepatite, leptospirose, parvovirose, coronavirose e parainfluenza
120 dias	3ª – cinomose, hepatite, leptospirose, parvovirose, coronavirose e parainfluenza
150 dias	antirrábica (dose única)

As vacinas contra as doenças acima podem ser dadas separadamente, desde que respeitados os prazos entre as suas respectivas doses.

Existem vacinas múltiplas, que facilitam o esquema de vacinação, pois os cães não precisam receber mais do que uma injeção. Essas vacinas podem imunizar de 8 a 10 doenças, simultaneamente.

Para o uso de vacinas múltiplas (normalmente as V8 ou V10), segue o cronograma abaixo:

Idade do cão	Vacinas
De 45 a 60 dias	1ª dose da vacina múltipla
21 dias após	2ª dose da vacina múltipla
21 dias após	3ª dose da vacina múltipla
150 dias	antirrábica – dose única

Principais problemas de saúde

Algumas raças caninas podem apresentar alguns problemas de saúde com maior incidência do que outras. Os cães da raça Spitz Alemão não são exceção e estão mais sujeitos a alguns problemas, como veremos a seguir. De maneira geral, podemos afirmar que os cães dessa raça estão mais sujeitos a apresentar, entre outros, problemas nos olhos, displasia coxofemoral, alergias e colapso da traqueia. Abaixo, teremos mais detalhes sobre cada um desses problemas e as providências possíveis

Displasia coxofemoral

É um problema de má formação das articulações que ligam os ossos da coxa, fêmur e bacia. O Spitz Alemão está entre as raças que sofrem com essa condição, apresentando incidência maior desse problema se comparado aos cães da maioria das outras raças. Ao notar que o cão começa a apresentar algum problema de locomoção ou "reclama" de dor nessa região, devemos levá-lo ao veterinário assim que possível, pois somente com uma radiografia ou ressonância magnética pode haver o diagnóstico do problema.

Problemas nos olhos

Devido à conformação dos olhos dos cães dessa raça, o Spitz pode apresentar olhos secos, problemas nos canais lacrimais e catarata. Outro problema comum nessa raça é o lacrimejamento constante, que pode danificar os pelos ao redor dos olhos, além do incômodo causado pelo excesso de lágrimas. Para tentar minimizar esse problema, é importante manter os pelos ao redor dos olhos sempre curtos, para que não irritem ainda mais o globo ocular. Outro problema que os Spitz/Pomerânia podem apresentar nos olhos é a degeneração progressiva de retina, que pode reduzir a capacidade visual e até mesmo levar à cegueira.

Alergias

O Spitz Alemão/Pomerânia é um cão com grande tendência a sofrer de dermatites. Da mesma forma que os seres humanos, esses cães podem desenvolver alergias, tanto as de pele quanto as respiratórias ou alimentares.

Dermatites

As alergias mais comuns nos cães dessa raça são, sem dúvida, as que causam problemas de pele, ou dermatites. Os sintomas são bastante claros, pois o cão começa a coçar bastante uma ou mais áreas do corpo, podendo desenvolver feridas bem "feias".

Quando o cão começar a se coçar muito, mesmo estando sempre limpo e com aplicação de anti-pulgas, devemos levá-lo ao veterinário para que o profissional possa fazer um exame no animal e diagnosticar o problema.

As dermatites podem ser causadas pelos mais variados motivos; desta forma, devemos ficar alertas para que possamos identificar a causa ou as causas que estejam contribuindo para o surgimento do problema.

De um modo geral, podemos evitar as dermatites secando bem o cão depois do banho, primeiro com toalhas secas e depois com um secador elétrico. Estas medidas podem ser bastante eficientes, tanto para prevenir como para auxiliar na recuperação de áreas afetadas, dependendo do agente causador do problema.

Algumas substâncias comuns utilizadas no próprio ambiente doméstico podem causar reações alérgicas no Spitz, como produtos de limpeza e materiais sintéticos com os quais o cão tenha contato direto (carpetes, cobertores etc.). Entre os diversos fatores que podem fazer com que o Spitz desenvolva algum tipo de dermatite, devemos citar as "mordidas" das pulgas e o uso de roupas com material sintético.

As dermatites iniciam com vermelhidão e causam até "rachaduras" na pele, e podem ser apenas o indício de um processo alérgico mais importante, quando o cão apresenta outros sintomas, como vômitos, perda de peso, diarreia, entre outros. O mais importante é levar o cão imediatamente ao veterinário quando houver um ou mais sintomas de dermatite ou outro tipo de alergia.

Reação alérgica a alimentos

O Spitz Alemão pode, eventualmente, apresentar algum tipo de reação alérgica à alimentação que recebe. Como ocorre com as pessoas, alguns cães podem ser alérgicos a um determinado tipo de alimento. Por essa razão, cada animal é um caso diferente, podendo desenvolver um quadro alérgico devido ao consumo de alguma ração específica (seca ou molhada), carne bovina, suína, de peixe, ovos e muitos outros alimentos. Para minimizar a possibilidade de alergias alimentares, devemos dar sempre aos Spitz/Pomerânia, rações específicas para a sua raça, evitando comida "caseira".

Colapso de traqueia

O colapso de traqueia é um problema comum em raças miniatura, como o caso do Lulu da Pomerânia. Cães idosos ou na meia-idade também estão mais sujeitos a esse problema. Essa condição é definida pela redução da área de passagem de ar da traqueia, o que pode levar a sérias consequências. É um problema progressivo e a melhor avaliação é feita por meio de exames de imagem.

CAPÍTULO 5

Emergências com o seu Spitz

Os cães, como todos nós, estão sujeitos a sofrer acidentes de todos os tipos ou mesmo, repentinamente, manifestar algum problema de saúde. Alguns acidentes comuns para os cães são atropelamentos, choques elétricos, quedas, ingestão acidental de algum produto nocivo ou tóxico e ferimentos ocasionados por brigas com outros animais.

Seus donos devem estar sempre atentos, primeiramente para prevenir, e na eventualidade de uma ocorrência, para avaliar o perigo e socorrer o animal com a máxima urgência possível, de acordo com as necessidades, chamando um médico veterinário ou levando o cão para uma clínica veterinária ou um hospital especializado.

Esses acidentes podem ocorrer com cães de todos os tamanhos ou raças e de todas as idades. Veja, a seguir, alguns exemplos de acidentes e as providências que devemos tomar para saná-los da melhor maneira possível.

Fraturas

Os cães, assim como as crianças, fazem as suas travessuras, e muitas vezes podem "se dar mal", sofrendo traumatismos ou lesões de diversas naturezas, como as fraturas, que podem variar desde um simples osso trincado à uma ruptura interna ou externa – a chamada fratura exposta, quando um ou mais ossos, total ou parcialmente fraturados, ficam expostos, rompendo os tecidos que os recobrem.

Quando um cãozinho sofre uma fratura, muitas vezes não estamos por perto para presenciar o acidente e, dessa forma, não podemos tomar as medidas mais indicadas para o caso. Assim, somos obrigados a suspeitar de uma possível fratura, luxação, entorse etc., apenas pela observação do comportamento do cão. Se o animal estiver com uma perna fraturada, por exemplo, notamos que ele manca ao andar, se movimenta com mais dificuldade e evita colocar a pata no chão. E pode, provavelmente, "reclamar" da dor com ganidos ou choros, sempre que forçar a área lesada.

No caso específico do Spitz/Pomerânia, por se tratar de um cão de pequeno porte, se houver uma suspeita de fratura, o melhor é pegá-lo no colo com bastante cuidado e levá-lo o mais rapidamente possível para ser examinado por um médico veterinário.

Intoxicação por ingestão acidental

Quando o cão ingere algo tóxico, como um produto de limpeza, por exemplo, devemos levá-lo imediatamente a um médico veterinário, juntamente com a embalagem do produto. Com a embalagem em mãos, o veterinário poderá saber, com maior precisão, qual o remédio mais indicado para a situação, aumentando as chances de o animal não sofrer tanto ou até de salvar-lhe a vida. Não devemos, nunca, tentar induzir o vômito do animal.

Asfixia

Muitas vezes um cão pode tentar comer algum objeto e ficar engasgado com ele. Como consequência, poderá ficar com falta de ar, sofrendo uma asfixia, que pode tirar-lhe os sentidos e até levá-lo à morte.

Para evitar maiores problemas e salvar o cãozinho, devemos tentar mantê-lo calmo e, ao mesmo tempo, olhar a sua garganta, para ver se é possível localizar o objeto que está causando o problema. Após localizá-

-lo, devemos removê-lo com uma pinça, ou mesmo com os dedos, se for possível. É preciso ter cuidado para não empurrar o objeto, o que pode agravar ainda mais a situação.

Se não for possível remover o objeto e o animal estiver entrando em colapso, devemos pressionar a sua caixa torácica, vigorosamente, três vezes. Esse procedimento visa deslocar o objeto para fora, fazendo com que seja expelido completamente ou, pelo menos, que fique em uma posição mais fácil para ser removido com uma pinça ou com os dedos.

Feridas de mordidas

O Spitz/Pomerânia é um cão extremamente amável e sociável com outros cães, independentemente da raça ou do porte. Entretanto, por se tratar de um animal e possuir seus instintos, ele pode, eventualmente, se envolver em uma briga com outro cão, seja de sua raça ou de outra qualquer. Se houver ferimentos com sangue, devemos higienizar o local e providenciar um curativo até que ele possa ser verificado pelo veterinário, mas, no caso de ferimentos mais graves, o animal deve ser levado o mais rapidamente possível a uma clínica ou hospital veterinário.

É importante lembrar sempre que uma ferida exposta é uma grande porta de entrada para infecções e, por essa razão, deve ser muito bem limpa e desinfetada. Primeiro, limpamos a ferida com soro fisiológico ou, na falta deste, com água potável. Depois, devemos utilizar algum antisséptico local, para desinfetar a ferida. Se houver um sangramento constante, antes de limpar e desinfetar, devemos pegar uma gaze ou pedaço de pano limpo e pressionar o local, por alguns minutos, até que o sangramento seja contido. Depois, passamos para a assepsia local, ou seja, para a limpeza e desinfecção da ferida.

Vômitos

Os vômitos podem ser causados pelos mais diversos motivos. Podem ser relativos a uma simples condição de sensibilidade momentânea em alguma parte do aparelho digestivo, mas podem, também, fazer parte de um quadro clínico mais complexo, sendo um sintoma de alguma doença ou intoxicação.

De qualquer maneira, quando o cãozinho apresentar vômitos devemos, em primeiro lugar, verificar se essa ocorrência é um fato isolado ou se existem outras anormalidades acontecendo, como diarreia, por exemplo.

Depois, devemos suspender qualquer tipo de alimentação que não faça parte da dieta normal do cão, pois pode estar havendo algum tipo de intolerância a um novo alimento ou "guloseima".

Se os vômitos persistirem, devemos interromper totalmente a alimentação por duas a três horas, deixando apenas a água disponível ao cão, se ele quiser. Depois, lentamente, devemos oferecer ração seca, até normalizar a sua oferta ao cão. Após um período de 24 horas, a alimentação deve ser totalmente normalizada. Caso os vômitos persistam, devemos levar o animal ao médico veterinário.

Fêmea, 2 meses, laranja - prop. Diogo Salas Ortiz - Canil Little Crystal.

CAPÍTULO 6

Adestramento e treinamento básico

O Spitz é um cão muito dócil, mas também pode ser agitado durante parte do dia. Essa agitação, especialmente nos filhotes, pode trazer alguns inconvenientes, pois o cãozinho pode resolver "aprontar", só por "brincadeira", danificando objetos e móveis da casa, roendo sapatos ou o que estiver ao seu alcance, ou ainda, fazendo suas necessidades em locais inadequados.

Como a maioria dos cães de companhia, o Spitz se adapta muito bem ao convívio humano, mas é necessário que façamos uma adaptação do cãozinho à vida da sua nova casa; ele deve aprender a rotina diária, onde e quando deve fazer suas necessidades, onde pode e onde não pode brincar, a não danificar móveis e outros objetos, a "tratar bem" os visitantes, a não morder etc. A boa notícia é que o Spitz é um cão com grande capacidade de aprendizado, ou seja, ele pode ser treinado mais facilmente do que a maioria dos cães de outras raças.

O importante é saber que o treinamento deve ser feito o quanto antes, pois, quanto mais demorar, maior será a dificuldade para ensiná-lo. Depois de uma fase de aprendizado bem feita, a tranquilidade será grande e, dessa forma, poderemos aproveitar mais cada momento com nosso pequeno Spitz.

Não devemos nos esquecer, no entanto, de que apesar de ser o maior amigo do homem e de todas as boas qualidades que possam ter, os cães são animais que, como todos os outros, possuem fortes instintos naturais. Por essa razão, devemos orientá-los, ensinando-os para que se adaptem, da melhor maneira possível, à vida junto aos seres humanos, especificamente, junto à sua nova família. As bases desse ensino são a obediência e o aprendizado que eles devem adquirir, especialmente no caso de cães de companhia, como o Spitz, cuja convivência diária pode se tornar um pouco "complicada", caso o treinamento não seja iniciado desde cedo, como poderemos verificar neste capítulo.

Para obter bons resultados, é necessário ter paciência e perseverança. Não devemos desanimar, mesmo que isso exija um pouco mais de trabalho, pois é desse início que vai depender toda a relação entre o cão e seu dono, todas as pessoas que o cercam e o ambiente em que vivem.

O objetivo desse ensino ou treinamento, não é dominar os cães ou quebrar o seu orgulho, a sua vontade ou o seu "caráter", mas apenas orientá-los e ensinar a eles algumas coisas necessárias para melhor se adaptarem à vida em companhia de sua família humana, o que, muitas vezes, os obriga a controlar ou reprimir alguns de seus instintos ou hábitos naturais.

Devemos procurar a maior aproximação possível com os cães, mas, ao mesmo tempo, mostrar a eles que devem nos reconhecer como seus líderes, por nossa autoridade e pela justiça com que os tratamos. Isso não é fácil, porque seus ancestrais, quando viviam em matilhas, obedeciam a um só "chefe" ou líder, mas lutavam pela liderança do seu bando quando percebiam que ele vacilava nas atitudes ou estava velho demais para comandar.

Como os cães variam muito de temperamento e inteligência, não há "receitas" ou fórmulas rígidas para ensiná-los, principalmente se levarmos em consideração que os cães se adaptam ao temperamento e aos hábitos do seu dono.

Ao ensinar um cão, devemos nos lembrar sempre de que, sendo um animal, determinados hábitos, para ele, não são ruins, mas apenas normais ou instintivos.

Ensinar os cães, portanto, é induzi-los e acostumá-los a fazer, com agrado e boa vontade, coisas que os tornam agradáveis e úteis e, ainda, evitar que mantenham hábitos indesejáveis para a nossa convivência.

Os cães da raça Spitz são considerados bastante independentes, apesar de apegados ao seu dono. São inteligentes e apresentam uma grande capacidade de aprendizado, especialmente se este for iniciado desde cedo.

Ensino

O ensino dos cães deve começar desde cedo, quando ainda estão mamando. O criador controla o seu comportamento ao mamar e, depois, quando ensina os cãezinhos a não roubarem comida dos pratos de seus irmãos ou companheiros, dizendo NÃO para inibi-los, e estimulando com elogios e palavras positivas quando eles voltam para os seus próprios pratos.

Dessa maneira, os cãezinhos já começam a distinguir o tom da voz, quando é enérgico, zangado e de reprovação, do "NÃO", e quando o tom é meigo, carinhoso, de aprovação ou uma forma de agradar.

Treinamento

O ensino dos cães deve começar desde cedo, mas o seu treinamento somente deve iniciar quando eles atingirem de 8 a 9 meses de idade.

Os cães não entendem as palavras, mas apenas os sons. Por isso, os comandos devem ser dados com palavras curtas e de maneira enérgica nas ordens; meigas nos elogios; zangadas quando forem de repreensões e carinhosas quando eles executarem um bom trabalho, obedecerem às ordens ou quando forem dormir.

As ordens dadas aos cães devem ser obedecidas imediatamente, sem hesitação ou preguiça. Quando eles acertam e são elogiados, isso desperta neles uma vontade de acertar, pois relacionam os acertos com os agrados.

Devemos nos lembrar sempre de que brutalidade, gritos ou impaciência nada resolvem e revelam apenas que a pessoa não tem condições ou conhecimentos para treinar cães.

Os cães não entendem as palavras

Como os cães não entendem as palavras, devemos ligá-las aos tons de voz, gestos e recompensas, pois eles associam os sons aos gestos e passam a entender melhor os comandos que são dados.

As necessidades de ensinar e de treinar são as mesmas para todos os cães, para que eles possam entender os humanos e com eles conviver da melhor maneira possível, principalmente respeitando e obedecendo às suas ordens.

É muito importante também que o cão sinta certa energia e firmeza no seu treinador. Além disso, esse treinamento deve se tornar uma rotina para o cão e não deve ser interrompido até que sejam obtidos os resultados desejados.

Como os cães variam muito de temperamento, as pessoas mais indicadas para ensiná-los seriam os seus próprios donos, que os conhecem bem. Além disso, é preciso ter paciência para ensiná-los ou adestrá-los. Não podemos ter pressa, querendo ensinar-lhes várias coisas em pouco tempo, pois eles podem ficar confusos e os resultados não serão satisfatórios.

O principal, no entanto, é que o cão reconheça o dono como seu líder. É necessário tratá-lo com energia, mas com ordens claras e com justiça, bondade e carinho, quando ele merecer. As ordens dadas ao cão vão, aos poucos, sendo substituídas por gestos, como verificaremos mais adiante.

Algumas regras

Algumas regras devem ser seguidas durante o ensino ou treinamento dos cães e a convivência com humanos.

É importante não puni-los por alguma falta ou erro, mas, ao mesmo tempo, dar-lhes oportunidade de repetir a ação e tentar acertar. Os cães devem ser estimulados durante o ensino, por meio de elogios e até de recompensas, como guloseimas e petiscos, quando merecerem, ou devem ser repreendidos, quando for necessário.

Por mais inteligentes que sejam os cães, sua capacidade de compreensão é limitada, indo apenas até certo ponto. Eles não deixam de "pensar" e de se comportar como animais. Portanto, é necessário orientar e controlar o seu comportamento em certas situações, como, por exemplo, no caso de uma briga.

Até cães que nunca brigaram um dia podem ter a sua primeira luta, pois é da natureza deles lutar. Nessa ocasião, se houver, mesmo que o dono chame o seu cão, ele não o atenderá, pois seu instinto é de não fugir da briga, para não ficar "desmoralizado". Para separar uma briga entre cães, não adianta e não se deve bater nos animais, pois eles sequer sentirão as pancadas, sendo a melhor atitude jogar água no seu focinho e só tentar separá-los quando eles pararem de se atracar. Se não houver acesso à água, devemos agarrar as pernas traseiras e puxá-las para cima e para um dos lados, enquanto outra pessoa faz o mesmo com o outro cão, pois isso termina com a briga. Não devemos tentar separar os cães pela frente, para evitar mordidas. Mesmo um cãozinho como o Pomerânia pode nos causar ferimentos com sua mordida.

Quando dois cães que sempre foram amigos brigam, quase sempre acontece apenas por uma herança de seus antepassados ou de sua origem, quando os cães lutavam pela liderança dos seus bandos.

Além de saber como agir em caso de briga entre cães, devemos sempre lembrar alguns fatos sobre esses animais, relacionados à convivência com os humanos e com outros animais.

Os cães consideram o ser humano como seu líder indiscutível e podem considerar outros animais como seus inimigos naturais, como, por exemplo, em alguns casos, os gatos. Entretanto, quando são criados juntos desde pequenos ou quando a "apresentação" entre eles é bem feita, eles podem aprender a conviver em paz ou mesmo se tornarem "grandes amigos". Conhecemos casos de cadelas que amamentaram e "adotaram" gatinhos, zelando por eles até mesmo depois de adultos.

Devemos, ainda, evitar que os cães aprendam a abrir portas ou portões, pois se o fizerem, podem fugir para a rua ou, no mínimo, fazer alguma grande "bagunça" dentro de casa. No caso dos cães da raça Spitz/Pomerânia, devido ao seu pequeno porte, não precisamos nos preocupar com a possibilidade de aprenderem a abrir portas, pois não conseguirão alcançar as maçanetas.

A palavra "NÃO"

Quando um cão ouvir a palavra NÃO, que sempre deve ser dita em tom enérgico ou zangado, deve parar, imediatamente, o que estiver fazendo.

Se ele, por exemplo, quando estiver roendo ou comendo alguma coisa, receber a ordem "NÃO" e continuar a fazer, pode ser "castigado". Esse castigo, no entanto, deve ser apenas uma forma de mostrar o desagrado pelo que estava fazendo e por não ter obedecido à ordem "NÃO". Podemos, por exemplo, acertar uma vez o focinho do cão com uma folha de papel enrolada ou jornal enrolado, pois não machuca e o barulho feito o assusta.

Por outro lado, quando o cão obedecer prontamente à ordem "NÃO", ele deve ser "recompensado", com palavras de incentivo ("muito bem", por exemplo), para que perceba que seu dono gostou de ele ter obedecido ao comando. Podemos, também, oferecer alguma recompensa em forma de guloseima. Isso é bastante eficiente na fase em que estiver ensinando o cãozinho a obedecer ordens.

Ao ensinar o cão a obedecer à ordem "NÃO", poderemos evitar uma série de problemas como, por exemplo, que o cão ataque e morda alguém ou que destrua alguma coisa em casa.

O Spitz é muito inteligente e se não for tratado e ensinado com a energia necessária, percebe a fraqueza ou a falta de energia do seu dono e pode até mesmo dominá-lo, passando a fazer só o que quer, tornando-se "o dono da casa", pois todos nela passam a viver em função dele.

É necessário demonstrar aos cães o que queremos, pois eles não podem adivinhar o que devem fazer. Por sua vez, os cães também podem se comunicar com os seres humanos, naturalmente, à sua maneira, bastando saber interpretá-los para compreendê-los por meio da sua "linguagem".

Como tirar as "manhas" dos cães

Não devemos permitir que os filhotes façam algo, por mais "engraçadinho" que seja, que não admitiremos que façam quando maiores como, por exemplo, pular sobre as pessoas, mesmo que seja para agradar; correr atrás de outros animais (aves, gatos etc.); roer objetos; deitar em poltronas, sofás, cadeiras ou camas; "roubar" comida; latir demais; "sujar" dentro de casa ou outras coisas específicas que desagradem os donos.

Devemos dar-lhes brinquedos de pelúcia ou borracha, bolas, ossos artificiais, etc., para que eles se acostumem a brincar sozinhos e, assim, fiquem entretidos em casa na ausência dos donos, tenham com o que brincar e não peguem coisas que não devem, como almofadas, tapetes, sapatos etc., que certamente estragarão.

Existem ainda alguns produtos disponíveis no mercado, na forma de spray, que deixam no local borrifado um odor desagradável para o cão e, normalmente, inodoro para os seres humanos. O uso desse tipo de produto visa afastar o cão de um determinado local onde ele, por exemplo, costuma fazer, indevidamente, as suas necessidades ou onde ele costuma causar algum tipo de "estrago", como um sofá que possa seja mordido, arranhado ou rasgado. Esses produtos podem auxiliar os donos no ensino de seus animais, mas seu uso deve ser feito com cautela, pois pode resolver o problema temporariamente, sem que o cão aprenda, realmente, o que não pode ser feito.

Como evitar que o cão arranhe a porta para entrar

Um cão pode ser colocado fora de casa, para ficar no quintal, no jardim, na varanda ou na área de serviço. Muitas vezes, no entanto, ele quer entrar na casa e começa a arranhar a porta com as patas da frente, tentando abri-la ou para chamar a atenção de alguém que o deixe entrar.

Esse hábito deve ser combatido, pois além de estragar a porta, ele causa incômodo por conta do barulho ao arranhá-la, acompanhado, geralmente, de latidos, choro ou ganido.

Para evitar que isso aconteça, quando o cão começar a arranhar devemos abrir a porta, com energia, e dar-lhe a ordem "NÃO". Se o cão voltar a arranhar, tornamos a abrir a porta, dizemos "NÃO", com mais energia ainda e com uma folha de jornal enrolada ou um papel comum enrolado, acertamos o focinho do cão (sem machucar, apenas fazendo barulho) e repetimos "NÃO". Normalmente, isso é o suficiente para que o cão não arranhe mais a porta para entrar.

Não mexer nas coisas

O filhote deve ser impedido de mexer nas coisas e de roer tudo que encontra: móveis, tapetes, sapatos, toalhas, enfeites, almofadas etc. O melhor é tirar do seu alcance tudo que for possível, até que ele seja ensinado a não mais mexer no que não deve.

Para começar o treinamento, devemos dar ao cãozinho brinquedos apropriados, para que ele tenha o que fazer, brincando e se distraindo com eles e esquecendo os objetos da casa. Entre esses brinquedos, ofereça bolas especiais ou de tênis que ele possa perseguir, satisfazendo o seu instinto de "caçador". Além disso, existem ossos industriais com um cheiro bem intenso e atrativo para o cão, que o deixará entretido mais do que qualquer outro objeto que possa encontrar.

É preciso, também, que o dono ensine ao seu cãozinho o que é permitido e o que é proibido. Para isso, deve ensinar-lhe o significado da palavra "NÃO".

As ordens "NÃO" e "PEGA"

Estas são as mais importantes ordens dadas aos cães e que devem ser obedecidas imediatamente.

A primeira, "NÃO", é uma garantia de fazer o cão parar imediatamente o que estiver fazendo, seja o que for, e que não queremos que ele faça. Esta ordem poderá evitar vários acidentes como, por exemplo, quando o cãozinho estiver prestes a mexer em algo perigoso ou que possa vir a quebrar.

A segunda, "PEGA", é exatamente o contrário da primeira, e fará com que o cão pegue imediatamente o que o dono mandar, seja um objeto ou, ainda, se for o caso de um cão de guarda, "avance" em uma pessoa ou outro animal. No caso específico dos cães da raça Spitz Alemão, por se tratar de um cão de companhia, de pequeno porte, esta ordem é importante para pegar objetos e pouco relevante para qualquer tipo de ataque.

Um bom treinamento, que sempre traz os melhores resultados é, justamente, o "NÃO" e o "PEGA". Para isso, devemos proceder da seguinte maneira:

1. Pegamos um objeto, de preferência já conhecido do cão em suas brincadeiras, e o prendemos na ponta de uma cordinha de dois a três metros de comprimento;
2. Fazemos o cão ficar parado e de frente para nós, mais ou menos à distância do comprimento da cordinha;
3. Começamos, então, a girar a cordinha, bem devagar, fazendo com que o objeto preso a ela se movimente em círculos, passando perto de onde está o cão, que ficará acompanhando o movimento com a vista. Dizemos "NÃO", a cada passagem do objeto, um pouco mais alto do que a cabeça do animal;
4. A certa altura, damos a ordem "PEGA" e incentivamos o cão a abocanhar o objeto quando passar perto dele. Depois que o cãozinho tiver abocanhado o objeto, devemos mostrar que estamos felizes com o que ele acabou de fazer. Para isso, fazemos carinho, dizendo "muito bem", "parabéns" etc., sempre em tom de aprovação. Dar um petisco nessa hora também é eficiente;
5. Voltamos a rodar a cordinha e vamos alternando as ordens "NÃO" e "PEGA" e, ao mesmo tempo, também vamos aumentando a velocidade e a altura do objeto em relação ao cão.

Este exercício, além de ser muito bom para ensinar obediência ao cão, é ótimo para o seu preparo físico e para treinar sua agilidade em saltar e pegar objetos em movimento, o que o cãozinho, depois de certo tempo, faz com uma precisão extraordinária.

"PEGA" e "LARGA"

Em uma segunda etapa do exercício anterior, quando o cão já estiver bem treinado, devemos ensinar-lhe a obedecer a uma nova ordem: "LARGA".

Para isso, devemos pegar o mesmo objeto utilizado no exercício anterior, jogá-lo à distância e, ao mesmo tempo, dar ao cão a ordem "PEGA". O cão obedece, vai buscá-lo, e quando volta com o objeto, o chamamos para sentar-se à nossa frente e damos a ordem "LARGA" e o cão, imediatamente, deve soltar o objeto no chão. Do mesmo modo feito anteriormente, devemos parabenizá-lo com palavras em tom de aprovação.

Andar junto ao dono

Como já mencionado, o filhote só deve começar a fazer passeios na rua depois de vacinado. Importante também é evitar que o cão, quando ainda pequeno, ande muito, porque os ligamentos das suas patas ainda são frágeis e ele se cansa com facilidade.

Quando o cão já estiver apto para passeios ao ar livre e desejarmos sair com ele, é necessário ensiná-lo a andar junto, no mesmo passo ou na mesma velocidade, sem parar a toda hora. Para isso, devemos treiná-lo da seguinte maneira:

1. Fazer o cão andar sempre do nosso lado esquerdo e na mesma direção;
2. Quando ele se afastar, batemos com a mão na nossa perna esquerda e, ao mesmo tempo, damos a ordem "JUNTO";
3. O cão deve andar sempre no mesmo passo que o dono, sem parar a todo instante ou avançar demais. Para esse controle, a guia deve ser puxada;
4. Nas primeiras aulas, devemos andar somente em linha reta e, depois, nas aulas seguintes, em diversas direções;
5. As aulas devem ter uma duração de 10 a 20 minutos, pois não devemos cansar muito o animal;
6. Nunca devemos bater no cão com a guia, para que ele não a associe com um castigo;
7. Devemos, ainda, elogiar e até acariciar o cãozinho, sempre que ele fizer bons exercícios;
8. O "castigo" será dado somente em caso de desobediência repetida, mas nunca com uma punição física; devemos somente "ralhar" com o animal e, ainda, mostrarmos que estamos muito "chateados" ou "aborrecidos" com ele;

9. Quando ele fizer algo errado, devemos dizer-lhe, energicamente, "NÃO", e quando ele merecer, devemos agradar-lhe com um "MUITO BEM".

Quando o cão já anda normalmente ao nosso lado, sem a necessidade de puxões na guia, isso indica que ele já pode ser treinado sem ela.

Ao iniciar esse novo treinamento, o melhor é mantê-lo na guia no primeiro dia, mas, durante a caminhada, soltá-la sem que ele perceba, sempre andando e dando as ordens. Não havendo problemas, podemos continuar os exercícios sem a guia, mas, se necessário, basta prendê-lo outra vez e retomar os exercícios.

Durante as "aulas", devemos conversar com o cão, para que haja uma maior interação entre nós, mas, ao mesmo tempo, devemos manter a guia esticada, sem forçá-la, para que possamos puxá-la com rapidez, se necessário.

Sentar

É um treinamento muito fácil. Basta, com o cão parado, fazer o seguinte:

1. Com uma das mãos, puxamos a guia para cima;
2. Com a outra mão, fazemos uma pressão para baixo, sobre a anca ou a garupa do cão e ficamos, assim, mantendo-o sentado;
3. Se ele tentar se levantar, nós o forçamos a permanecer sentado, sempre com a ordem "SENTA", e o elogiamos, se ele obedecer. Sempre que tivermos que forçar a anca do cãozinho para que ele sente, esse movimento deve ser acompanhado da ordem "SENTA".

Deitar

Para que o cão aprenda a deitar, devemos:

1. Ordenar ao cão para se sentar;
2. Pegando seus membros anteriores, os levantamos e os esticamos um pouco para a frente e os colocamos no chão;

3. A seguir, devemos fazer uma pressão para baixo, sobre sua cernelha (costas);
4. Damos a ordem "DEITA" e o obrigamos a permanecer nessa posição, até receber uma nova ordem.

Outra maneira de fazer o cão deitar é, com uma das mãos, pegar a guia, junto à coleira, forçá-la para baixo e ao mesmo tempo, com a outra mão, forçar o seu corpo também para baixo.

Com algumas aulas, ele passará a obedecer e se deitará, imediatamente, se receber a ordem para isso, e ficará deitado, mesmo que nos afastemos dele, até receber uma nova ordem para se levantar.

Vir até onde está o dono

Quando for chamado, o cão deve obedecer imediatamente à ordem "AQUI" e vir correndo diretamente na direção do seu dono, sem parar para nada. Para que ele o faça de boa vontade, no entanto, é necessário que, ao chegar, no princípio do treinamento, ele receba agrados, elogios e até guloseimas, mesmo que não obedeça exatamente como deveria. As falhas deverão ser corrigidas durante as aulas, pois o cão sabe que vai ser "agradado" no princípio de todas elas.

Se necessário, nas primeiras aulas, o cão pode ser preso a uma guia longa, de 10 ou 20 metros de comprimento, para ser puxada quando ele não obedecer imediatamente à ordem "AQUI" e não vier correndo para o seu dono.

Ao chegar, o cão tem que se sentar em frente ao treinador e assim permanecer, até receber nova ordem, em geral, "JUNTO", para ele se colocar sentado do lado esquerdo.

Quando o cão não vier, atendendo ao chamado, nunca devemos ir até onde ele está ou nos aproximarmos dele. Temos sempre que obrigá-lo a obedecer ou puxá-lo com a guia.

O cão pode ser treinado para atender ao chamado do dono por um assovio ou até por um apito. Entretanto, este não é um procedimento muito utilizado para pequenos cães de companhia, como o Spitz.

Parar de latir

Devemos ensinar o cãozinho a parar de latir ou a calar-se, ficando quieto, quando o desejarmos ou em caso de necessidade (se o cão começar a latir em horário inapropriado). Para isso, usamos a ordem "QUIETO".

O seu treinamento consiste em estimular o cão a latir e depois, dar o comando "QUIETO", para ele se calar. Repetindo várias vezes, ele aprenderá logo a lição.

Como fazemos para ensinar qualquer outro comando, o cão deve receber elogios, carinhos e até mesmo guloseimas, quando obedecer prontamente à ordem dada.

Recusar comida achada ou oferecida por estranhos

Esse treinamento costuma ser muito utilizado para cães de guarda, não sendo o caso do Spitz. Entretanto, as pessoas que possuem esse cão, e moram em casas, estão sujeitas a que estranhos que passem pela rua ofereçam comida inapropriada ou mesmo, deliberadamente, envenenada. Por esse motivo, acreditamos ser importante ensinar ao Spitz a recusar comida achada ou oferecida por estranhos.

A primeira providência para isso é ensinar ao cão, desde pequeno, a só comer no seu prato e sempre no mesmo horário. O melhor, também, é não colocar o prato no chão, mas sobre um apoio qualquer, como um pequeno banquinho ou um suporte de qualquer tipo e sempre no mesmo lugar.

O cão não deve, também, ficar em volta da mesa na hora das refeições ou andando pela cozinha, recebendo pedaços de comida, de pães, ou qualquer outro tipo de alimento, ou catando migalhas no chão, pois isso, além de não ser saudável para a dieta do animal, atrapalha completamente o seu treinamento.

Além disso, se o cão estiver acostumado a comer a qualquer hora, quando sentir fome, provavelmente passará até a roubar alimentos, porque, para ele, catar migalhas no chão ou tirar um assado inteiro da mesa, é a mesma coisa.

Para ensiná-lo a não comer o que encontra ou o que lhe é dado por terceiros, devemos segurá-lo na guia e pedir a alguém que lhe jogue uma guloseima. Quando o cãozinho tentar abocanhá-la, devemos dizer "NÃO", com toda a energia. Se ele insistir, devemos dar-lhe um forte puxão com a guia, para que sinta a força do nosso comando e, ao mesmo tempo, repetir-lhe "NÃO".

Depois de repetir essa lição, o cão não tentará mais comer a guloseima. Quando isso acontecer, passamos à segunda etapa do treinamento. Sem que o cão perceba, devemos colocar uma guloseima em um lugar qualquer onde costumamos passear com ele como, por exemplo, uma praça ou um jardim e depois o soltamos.

Logo que ele a descobrir e tentar comê-la, dizemos "NÃO" com energia, e embora ele não a toque, ficará perto da guloseima. Chegamos, então, perto dele, mandamos que se deite, apontamos para a guloseima e repetimos "NÃO". Depois, vamos nos afastando devagar e de longe continuamos a vigiá-lo, para ordenar-lhe novamente, se necessário, com a palavra "NÃO".

Outra etapa nesse treinamento é ordenarmos ao animal "FIQUE LÁ" e nos afastarmos saindo da vista do cão, mas ficando escondidos para vigiá-lo.

Para completar seu treinamento, devemos espalhar as mais variadas guloseimas em diferentes lugares, sempre vigiando o cão para ordenar-lhe "NÃO" quando tentar comer alguma delas. Repetir a lição quantas vezes forem necessárias, até que ele não mais tente comer as coisas que encontra.

Se o cão não aprender, desobedecer às ordens e pegar a comida que encontrar, podemos adotar outro método que é o das iscas com gostos desagradáveis para ele como, por exemplo, a pimenta.

O cão ensinado a só comer comida dada por seu dono ou em sua casa, poderá evitar sofrimentos e até a morte por envenenamentos causados por alimentos estragados que encontrar ou por iscas envenenadas que poderão ser oferecidas por pessoas que, por algum motivo, queiram se livrar do animal.

CAPÍTULO 7

Tosa e cuidados higiênicos

Olhos e ouvidos – cuidados e limpeza

Os Spitz, devido às características próprias da raça em relação aos olhos e aos ouvidos, têm uma tendência a sofrer de enfermidades que vão de simples irritações a graves afecções ou infecções, com ou sem supurações, sendo bastante propensos a estes problemas.

As lesões nos olhos, quando muito graves, podem levar à cegueira parcial ou total do animal, da mesma forma que as localizadas nos ouvidos ou nas orelhas podem provocar a sua surdez, também parcial ou total.

Os cães da raça Spitz Alemão apresentam uma propensão a inflamações, tanto nos olhos quanto nos ouvidos. Para reduzi-las, a primeira providência a ser tomada é fazer, regularmente, uma higiene rigorosa nesses locais, de preferência, uma vez por semana, pois isso contribui para diminuir a sua incidência, ou mesmo para que elas não mais ocorram.

Como e onde fazer as necessidades

Quando o cão tem vontade de fazer "cocô" ou "xixi", ele logo procura o lugar que lhe foi destinado para isso pelo seu dono, ou seja, uma folha de jornal, um pedaço de papel ou um tapete higiênico, que nada mais é do que uma grande "fralda" descartável, em forma de tapete, que tem a capacidade de absorver a urina e neutralizar o odor.

Outro local bastante utilizado para que os cães façam suas necessidades é a rua. As caminhadas diárias com os cães podem ser bastante saudáveis, pois, além de permitirem que façam "xixi" e "cocô" à vontade, são oportunidades para que o cão se exercite, principalmente se for um Spitz, que costuma morar em apartamentos e sair pouco de casa. Neste caso, porém, os donos precisam ser responsáveis e saírem munidos de sacos plásticos ou outras formas de recolher as fezes de seu cãozinho, mantendo a rua limpa, demonstrando educação, higiene e civilidade.

Cuidados com a pelagem

As práticas mais frequentes e importantes para mantermos a pelagem de um Spitz/Pomerânia, sempre bem cuidada e bonita são:

1. Escovação;
2. Tosa;
3. Banho.

Pelos e pelagens – tosas e penteados

Os Spitz, por terem características de seus ancestrais lobos, têm uma pelagem dupla, ou seja, uma camada de pelos e uma camada de subpelos.

Existem algumas tosas padrão para os cães da raça Spitz Alemão. Todas são muito bonitas e, no caso do Lulu da Pomerânia, a tosa tipo bebê ou ursinho dá um toque ainda maior de "bichinho de pelúcia" ao cãozinho! O ideal é que a primeira tosa seja feita quando o filhote tiver por volta de oito ou nove meses e deve ser apenas um *trimming*, ou seja, só aparar as pontas, para manter o padrão de corte da raça.

Tosas

Na verdade, os cães da raça Spitz Alemão não devem ser realmente tosados, no sentido de cortar o pelo bem curtinho, como podemos fazer com outros cães de companhia de pequeno porte, como o Shih Tzu ou o Poodle. Para os Spitz, cortar demais ou raspar a pelagem pode trazer problemas posteriores, sendo o principal conhecido como alopecia pós-tosa, em que o cãozinho pode ficar com falhas permanentes na pelagem, um problema ligado ao ressecamento da pele causado pela tosa. Portanto, não é recomendado o uso de máquinas para tosar os pelos de um Spitz.

Para os cuidados com a pelagem dos Spitz, apenas o *trimming* é indicado. Com esse método, aparando as pontas dos pelos, é possível manter a pelagem saudável e dar um corte lindo para deixar esses cãezinhos ainda mais bonitos!

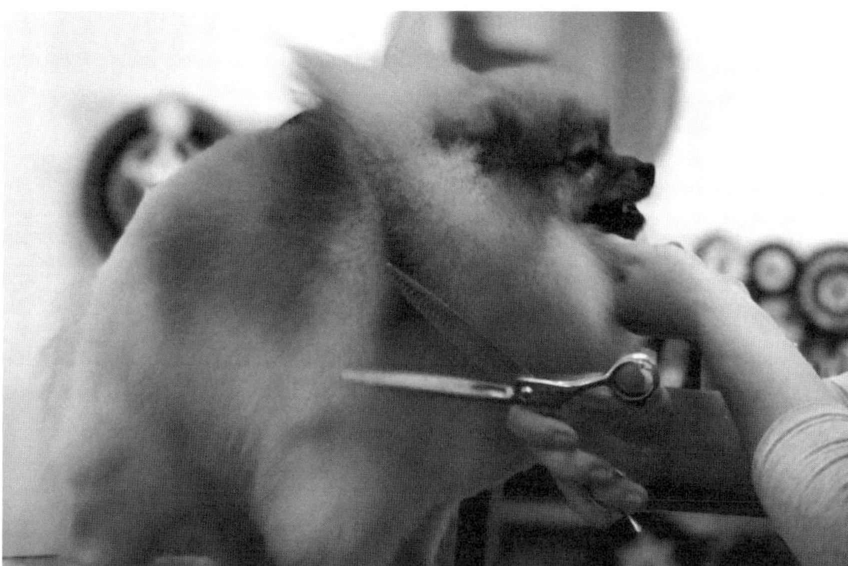

Parker - macho, laranja russo, sendo tosado - prop. Diogo Salas Ortiz - Canil Little Crystal.

Tosa leão

A tosa mais comum para o Spitz Alemão é o chamado corte leão. Como o nome já deixa claro, a pelagem na região da cabeça é cortada em forma de "juba", lembrando a aparência de um leão. No corpo o pelo é cortado mais rente, mas sempre deixando uma boa capa de pelos.

Tosa kennel

O corte kennel consiste em tosar o Spitz de maneira uniforme em todo o corpo, deixando os pelos com cerca de 1,25 cm de altura. Para fazer o corte kennel, muitos tosadores costumam utilizar máquina, mas, como já mencionamos, o ideal é que seja utilizada uma tesoura própria para tosa.

Tosa filhote, bebê ou ursinho

Essa é considerada uma das tosas mais "fofinhas" dos Spitz! O pelo é deixado mais comprido do que na tosa kennel, com cerca de 3 cm. O ideal é que esta tosa seja feita com tesoura.

Tosa higiênica

É uma tosa especial, cujo objetivo principal é facilitar a higiene e a limpeza do cãozinho, evitando que ele se suje quando está fazendo as suas "necessidades".

Esse tipo de tosa deve ser feito em todos os cães da raça Spitz Alemão, com intervalos regulares, de três em três semanas, para que eles possam manter uma boa higiene. As tosas higiênicas devem ser realizadas nas seguintes regiões:

1. Ao redor do ânus, para evitar que as fezes sujem e grudem nos pelos da região;
2. Entre os dedos do animal;
3. Debaixo das patas, para evitar que ao andar, o animal pise sobre os pelos existentes na região, o que os incomoda e pode até causar queda, porque provocam escorregões;

4. Nos machos, devem ser aparados também os pelos existentes no ventre, próximos ao pênis;
5. Os pelos ao redor dos olhos devem ser cuidadosamente aparados para prevenir irritações que provocam o excesso de lágrimas ou alguma lesão mais acentuada. A secreção lacrimal não só causa manchas no pelo, mas dá ao cão um aspecto bastante desagradável. Por esses motivos, é aconselhável que a higienização da região dos olhos seja feita duas vezes ao dia; a área ao redor dos olhos deve ser limpa com uma gaze embebida em soro fisiológico e depois enxugada, para que os pelos não sofram danos.

Escovação e penteado

A escovação do pelo do Spitz Alemão deve ser feita normalmente e a intervalos regulares, para que sua pelagem se mantenha sempre limpa, lisa e brilhante, o que deixa o cão com um ótimo aspecto. Esse é o principal cuidado que deve ser tomado com os pelos do Spitz.

O ideal é a escovação diária, mas, se não for possível, ela deve ser feita, no mínimo, três vezes por semana, com um pente apropriado para cães ou uma escova sem bolinhas nas pontas das cerdas. O processo deve ser feito da seguinte maneira:

1. Desmanchar com as mãos, com todo o cuidado, um por um, os nós existentes na pelagem do cão, evitando puxar os pelos para que o cão não sinta dor e para que os fios não arrebentem;
2. Passar a escova com muita delicadeza, somente alisando, sem puxar os pelos, para o cão não ficar incomodado ou irritado, por sentir dores.

A escovação eficiente é importante para obter os melhores resultados na higiene, na conservação e na beleza da pelagem dos cães da raça Spitz Alemão, para mantê-los em bom estado e livres dos nós que se formam nos pelos quando não são bem penteados.

Os nós dos pelos

Quando eles ocorrem, o criador ou dono deve imediatamente desfazê-los. Para isso é necessário:

1. Umedecer os nós utilizando um condicionador dissolvido em água.
2. A seguir, com as mãos, desembaraçar, um por um, todos os nós existentes na pelagem do cão.

Essa operação deve ser feita com todo cuidado para evitar que a pelagem do animal seja danificada.

Escovas

Há vários tipos e tamanhos de escovas próprias para cães de todas as raças. O melhor, porém, é utilizar escovas cujas cerdas não possuem bolinhas nas pontas, porque elas penetram com maior facilidade entre os pelos do cão, diminuindo assim, o perigo de arrebentar os fios, o que pode prejudicar o aspecto do animal.

Banhos

Todos os cães devem tomar banho regularmente, e a frequência varia conforme a raça. Para um Spitz Alemão/Pomerânia, é aconselhável um intervalo de no mínimo 20 dias, exceto quando ele se suja excessivamente; neste caso, deve ser banhado no mesmo dia, o mais rapidamente possível. A higiene é muito importante para manter os pelos bonitos e em bom estado, bem como a própria saúde do cão.

As orelhas do Spitz devem ser bem protegidas durante o banho para evitar que a água penetre nos ouvidos, o que pode causar fortes dores ou outros problemas mais graves, como a otite. Elas devem ser bem limpas com o uso de algodão, uma vez por semana.

É necessário que os xampus ou produtos empregados no banho sejam de boa qualidade e especiais para cães, para evitar que haja reações do seu organismo, geralmente na pele, como alergias, eczemas etc.

Muito importante, também, é que após o banho os pelos sejam bem enxugados e secos, de preferência, por secador elétrico.

Depois de secos, os pelos devem ser bem escovados, conforme dito anteriormente, a cada dois ou três dias.

Secador elétrico

Quando for empregado o secador, a pelagem do cão deve ser bem aberta, com uma cuidadosa separação dos seus pelos, para que o ar quente penetre nas suas raízes, promovendo, assim, uma boa secagem da pele do animal, evitando, principalmente, o aparecimento de dermatites.

Toalha

Para enxugar a pelagem do Spitz (após o banho ou quando ele se molhar na chuva, na piscina etc.) deve ser empregada uma boa toalha, bem grossa, felpuda e grande, do mesmo tipo usado como toalha de banho para as pessoas.

Muda

Como todos os cães, o Spitz Alemão também sofre, periodicamente, a troca de pelos, conhecida popularmente como "muda". A muda varia de intensidade, sendo que, no Spitz, ela é considerada como moderada e acontece duas vezes por ano. O tipo, a intensidade ou a duração variam de acordo com a idade e as características individuais de cada cão, bem como as condições ambientais, como a temperatura, por exemplo, que influi diretamente sobre essa camada protetora que os cães possuem, cobrindo externamente a pele de todo o seu corpo.

Unhas e seu trato

Pode não parecer, mas as unhas desempenham importantes funções na vida dos cães e, entre elas, podemos mencionar:

1. Servem como pontos de apoio no solo, ajudando o cão a se firmar;
2. Evitam que o animal escorregue ou leve um tombo, o que pode provocar diversos tipos de lesões ou traumatismos.

Entretanto, é muito importante controlar o tamanho das unhas dos cães, para que não fiquem compridas demais.

Normalmente, elas se desgastam somente com os atritos a que são submetidas quando o cão caminha ou corre pelo solo, dentro ou fora do lar, principalmente quando se trata de uma casa com quintal, ou então, quando sai para passear.

Quando as unhas crescem muito, por não se desgastarem naturalmente quando o cão anda, corre e pula, é necessário que sejam aparadas regularmente, com uma tesoura própria ou um cortador especial, o que deve ser feito com intervalos de trinta dias.

Dentes

O cuidado com os dentes dos cães é uma preocupação que o dono deve ter. Os dentes são partes vitais do seu corpo, pois são utilizados para várias finalidades, mais especialmente para a defesa do animal e para sua alimentação.

Para cuidarmos adequadamente da dentição do Spitz devemos, em primeiro lugar, nos preocupar com a qualidade da ração fornecida. Isso é importante, na medida em que as rações de boa qualidade devem conter elementos e um grau de dureza que auxilie na limpeza dos dentes.

Além do cuidado com a ração oferecida ao cãozinho, outra providência importante é realizar, regularmente, a escovação dos seus dentes. Para isso, precisamos contar com uma escova dental apropriada para cães e, principalmente, para o porte do animal. Deve ser utilizado também um creme dental especial para cães, cuja principal diferença é a ausência de flúor na sua composição.

CAPÍTULO 8

As diferentes cores dos pelos

A pelagem do Spitz é formada por pelos que recobrem todo o seu exterior, ou seja, todo o corpo, cabeça, focinho, orelhas, pescoço, cauda e membros. Como caraterística da raça, por terem uma pelagem semelhante à dos lobos, eles apresentam duas camadas – de pelos e subpelos. A pelagem do Spitz é realmente muito bonita, com pelos abundantes e exuberantes, formando, assim, uma bela capa. A pelagem fofa dá uma aparência de destaque para esses cãezinhos que, dependendo da tosa, ficam parecendo ursinhos ou leões.

De acordo com o padrão oficial da raça Spitz Alemão, a pelagem pode ter diversas cores, mas deve ser sempre bem desenvolvida ou abundante, podendo ser classificada como exuberante, tal a sua grande beleza.

Cores

As cores aceitas no padrão oficial da raça são as seguintes:

- Cinza sombreado/cinza prateado;
- Branco;
- Preto;
- Marrom;
- Laranja;
- Outras cores.

Segundo o padrão oficial da raça estabelecido pela Confederação Brasileira de Cinofilia, o termo "outras cores" refere-se às seguintes colorações: creme, creme-"sable" (creme-zibelino), laranja-"sable" (laranja-zibelino), preto e castanho ("tan") e malhados (particoloridos). Cães malhados (particoloridos) devem ter o branco como cor base. As manchas devem ser de uma só cor, preta ou marrom ou cinza sombreado ou laranja ou laranja-"sable" ou creme ou creme-"sable", e devem ser preferencialmente distribuídas por todo o corpo.

Hanna - fêmea, 2 anos - prop. Diogo Salas Ortiz - Canil Little Crystal.

CAPÍTULO 9

Como escolher um filhote

Quando alguém resolve ter um cão, deve levar em consideração uma série de fatores:

1. Os cães são animais e não objetos ou máquinas, e portanto, são sensíveis a dores, maus tratos e, principalmente, ao desprezo e ao abandono.
2. Eles possuem sentimentos próprios, de afeto, carinho, alegria, tristeza, amor, ódio, raiva etc.
3. Eles sentem e sofrem como os humanos e, por esse motivo, não devem ser maltratados.
4. Eles deverão ser mantidos e acolhidos por mais de 10 anos, e tratados sempre com todo o cuidado e carinho.

Além disso, um cão nunca, mas nunca mesmo, deve ser solto, abandonado pelas ruas, pois tal ato repulsivo submeterá o animal a muitos sofrimentos, porque ele ficará sem um abrigo e também passará fome. Cães abandonados passam por grandes sofrimentos psicológicos, como se fossem crianças pequenas. Eles podem ser atropelados ou sofrer nas mãos de pessoas de má índole, sujeitos a comer restos de comidas estragadas e adoecer com facilidade. O abandono de animais, além de ser crime, é um ato de extrema crueldade.

Os cães possuem sentimentos puros de amizade e lealdade em relação a seus donos e aos seus familiares.

Se não for para tratar bem os cães, como eles merecem, o melhor é não possuir nenhum desses animais.

É muito importante, também, lembrar que os cães, por mais mansos e amigos que possam ser – o que demonstram pelas suas atitudes, até mesmo afetivas, qualquer que seja sua raça –, não deixam de ser animais e, por esse motivo, continuam sendo orientados pelo instinto animal herdado de seus antepassados.

Portanto, antes de adquirir um cão, devemos nos lembrar de que teremos de conviver com ele durante muitos anos, mantendo um relacionamento cordial afetuoso e de muita amizade, o que só é possível se gostarmos muito desses animais.

Não devemos esquecer que os cães possuem hábitos e instintos próprios, como todo animal, o que deve ser respeitado, pois isso faz parte do seu modo de ser.

Eles são animais inteligentes e, quando selvagens, viviam em matilhas. Por instinto, todo cão lutava para ser o chefe da sua matilha.

Quando começaram a conviver com os humanos, os cães passaram a considerar as pessoas com as quais conviviam como os seus líderes absolutos. Por esse motivo, devemos demonstrar ao cão quem realmente é o líder, pois, se não o fizermos, ele passará a se sentir o líder, impondo sua vontade a todos ao seu redor, passando a se considerar o dono da casa, cuja vida e movimentação deve girar em torno dele. Muitas pessoas que nunca tiveram cães não acreditam que um pequeno cãozinho possa "dominar" toda uma família, mas isso é algo que pode acontecer, e depois que se torna realidade, é mais difícil reverter o quadro.

Ao escolhermos um cão como o Spitz Alemão/Pomerânia, se não conhecemos bem as características da raça, o melhor a fazer é pesquisar ou buscar conselhos com uma pessoa experiente no assunto, para que possamos adquirir um bom animal.

Para adquirirmos um cão, devemos levar em consideração uma série de fatores, entre os quais: idade (filhote, jovem ou adulto); tamanho (padrão da raça); sexo; temperamento; personalidade; função (companhia, guarda, trabalho, reprodução ou para exposições) e preço.

Aquisição e garantias

Quando compramos um cão, para evitarmos algum problema técnico ou legal, devemos exigir do vendedor:

1. Um recibo ou documento de compra e venda no qual conste, principalmente, o valor da transação;
2. A tarjeta, que é um certificado de registro emitido por uma entidade oficial filiada à Associação Cinológica Brasileira;
3. O pedigree, também emitido por uma entidade cinológica oficial, filiada à FCI (Fédéracion Cinologique Internacionale). Quando se tratar de um pedigree estrangeiro, o melhor é consultar um Kennel Club, para confirmar sua validade;
4. Atestado de saúde;
5. Carteira de vacinação com todas as vacinas em dia, incluindo contra a raiva. O cão poderá, ainda, ser vendido castrado e com um chip de identificação, implantado subcutaneamente no animal. Nesse caso, as garantias para o comprador são ainda maiores e, pelo fato de o cãozinho já ser castrado, não haverá problemas causados pelo cio, reprodução indesejada e, principalmente, inúmeros problemas de saúde que ele poderia apresentar durante sua vida, tanto os machos quanto as fêmeas, se não forem castrados.

Puro ou mestiço

Quando desejamos um cão somente como animal de estimação e não para a reprodução ou para apresentar em exposições, as exigências em relação às suas características podem ser menores, permitindo uma boa economia na sua compra, porque bons reprodutores ou animais de alto nível zootécnico são muito caros. É necessário, no entanto, levar em consideração alguns fatores, como verificaremos a seguir.

É preferível adquirir um Spitz/Pomerânia puro (de preferência com pedigree) a um mestiço, por uma série de razões, sendo duas mais relevantes: primeira, o temperamento do cão puro é conhecido, mas imprevisível nos mestiços, e segunda, sendo desconhecida a raça ou a ascendência do cão que cruzou com o Spitz puro produzindo o mestiço, não há como prever de que tamanho ficará o filhote quando adulto, nem sua aparência.

Fêmea ou macho

Normalmente, quando vamos decidir o sexo de um cão de companhia, devemos considerar alguns fatores:

Fêmea

Normalmente é mais calma, meiga, atenciosa, dócil e carinhosa do que o macho. Gosta mais de brincar, parece ser mais apegada ao dono e ter por ele maior dependência. Segundo alguns autores, ela também é mais atenta ao ensino e ao treinamento do que o macho.

A cadela, no entanto, entra em cio de seis em seis meses, o que é inconveniente, porque, nessa época, ela tem o sangramento, podendo sujar tapetes, poltronas, camas etc. Isso, no entanto, pode ser evitado com o uso de uma fralda especial. Além disso, quando está no cio, a cadela exala um "cheiro" típico para atrair os machos para o acasalamento. Os cuidados para evitar um cruzamento indesejado devem ser tomados; a cadela deve ser presa separadamente se houver machos por perto, o que pode exigir uma atenção redobrada. A solução mais segura seria a castração, que deve ser feita com um médico veterinário de confiança. Por esses motivos, quando o objetivo é ter um cão somente para companhia, geralmente é adquirido um macho.

Quando, porém, a pessoa deseja ter um filhote do animal que está adquirindo ou iniciar uma criação, o melhor é escolher uma boa fêmea, porque será muito fácil conseguir um excelente macho para o acasalamento, pagando uma taxa de cobertura ou cedendo ao dono do reprodutor um filhote por ele escolhido, na ninhada.

A fêmea sofre uma desvantagem quando termina o cio ou quando desmama uma ninhada, porque não apresenta mais as suas boas condições físicas de antes, só as readquirindo depois de algum tempo de muito trato e boa alimentação.

Outro inconveniente de uma fêmea no cio, para criadores profissionais, é não poder entrar em exposições e competições, porque, com o cheiro típico que exala nessa época, a cadela irá atrair e excitar todos os machos presentes, perturbando os trabalhos e o andamento da exposição, embora o seu comportamento seja o mais normal possível.

De qualquer forma, uma boa solução é comprar uma fêmea castrada ou providenciar a castração logo que possível, o que será orientado pelo médico veterinário. A cirurgia, quando feita o mais cedo possível, evita que a cadela adquira alguns hábitos das fêmeas não castradas.

Little Crystal Storm aos 6 meses - prop. Diogo Salas Ortiz - Canil Little Crystal.

Macho

É normalmente maior, mais forte, musculoso, dominador e menos delicado, meigo e carinhoso do que a fêmea.

Quanto ao trabalho, não há muita diferença entre fêmeas e machos, pois tanto um macho quanto uma fêmea podem ser ótimas companhias, excelentes guardas, bons cães de caça, eficientes boiadeiros etc., dependendo da sua raça.

Os cães Spitz não fogem a essa regra, pois tanto os machos quanto as fêmeas podem ser excelentes cães de companhia, meigos, carinhosos e amigos fiéis do seu dono, além de conviver bem com todas as pessoas que moram na casa.

Devemos lembrar, no entanto, que os cães machos normalmente são mais agressivos uns com os outros, principalmente quando não se conhecem. Mesmo machos que sempre viveram juntos desde pequenos, e até irmãos que nunca brigaram, algum dia podem entrar em luta.

Idade para aquisição

A melhor época para adquirirmos um filhote é quando ele está com seis a oito semanas de idade, logo após ser desmamado, porque é nessa fase da vida que ele está abrindo os olhos para o mundo, passando a conhecer o ambiente em que vive, se adaptando e aprendendo a enfrentar as mais diversas situações. Além disso, já começou a tomar as vacinas, ficando mais protegido contra diversas doenças. A principal vantagem em adquirir um filhote com 60 dias ou mais é o fato de, nessa idade, ele já ter tomado a primeira dose de todas as vacinas principais.

Devemos, no entanto, levar em consideração outros fatores, entre os quais, que mesmo um cão de mais idade pode se adaptar a um novo lar e se afeiçoar ao seu novo dono, tornando-se seu amigo. Entretanto, quando se tratar de um cão adulto, isso já se torna um tanto mais difícil. Outros fatores importantes a serem analisados antes da compra são o temperamento do filhote (calmo, animado, agitado, nervoso, agressivo etc.), para que combine com o temperamento do seu dono e não lhe crie problemas, e o tempo de que dispomos para tratá-lo e a ele nos dedicarmos.

Resolvida a compra

Para escolher bem um filhote de Spitz Alemão/Pomerânia, podemos estudar tudo sobre a raça em revistas, livros etc.; visitar exposições e, se possível, acompanhar os julgamentos; conversar com criadores e donos de pet shops; visitar criações e canis para ver como são criados os filhotes e tratados os cães, a sua higiene, medidas sanitárias etc. É muito importante conhecermos a cadela, a ninhada na qual vamos escolher um filhote e também o pai dos cãezinhos. Entretanto, se não pudermos ter todo esse "trabalho", o melhor é adquirir o filhote de um canil idôneo ou pet shop conhecido e que venda o animal com todas as garantias, carteira de vacinação (já com as primeiras doses aplicadas), pedigree, castrado, com micro chip, etc.

Escolha do filhote

Depois de decidida a compra de um filhote de Spitz Alemão, a primeira questão é saber onde adquiri-lo, o que pode ser feito em uma grande ou pequena criação, em um canil ou em um pet shop, desde que sejam idôneos, para evitar problemas, não só na aquisição, mas outros que possam aparecer mais tarde. Resolvido também o sexo do filhote, podemos escolhê-lo na ninhada, mas, de preferência, que respeite as seguintes características:

- Não apresente nenhum sinal de nanismo;
- Não seja tímido demais ou agressivo;
- Seja o mais desenvolvido ou precoce, embora, às vezes, ele possa crescer muito e ultrapassar o tamanho desejado;
- Possua uma boa conformação;
- Seja o mais esperto, vivo, alegre e com os seus movimentos normais;
- Possua boa audição, ouvindo bem os ruídos ao seu redor;
- Sem nenhum defeito externo, inclusive de aprumos;
- Seja sadio;

- Sua visão seja perfeita, com os olhos vivos e brilhantes, sem lacrimejamentos, mucosidades etc.;
- Nariz úmido;
- Pelagem característica da raça, bonita e sem nenhum defeito, como manchas, falhas, crostas etc.;
- Não apresente pelos fracos ou foscos;
- Possua pelos lisos e brilhantes e pelagem fina e sedosa;
- Tenha apetite normal;
- Não esteja gordo demais;
- Possua a pele lisa, esticada e untosa;
- Não apresente feridas, crostas ou calombos pelo corpo;
- Não apresente coriza, resfriado ou diarreia;
- Não possua secreção anormal pelo corpo, como pus ou sangue, nem nasal, vaginal ou anal;
- Esteja limpo, sem sinais de urina nos pelos ou de "sujeiras", principalmente de fezes em volta do ânus;
- Sua dentição deve ser normal;
- Deve possuir todas as características da sua raça, como pelagem, tamanho (para cada idade) etc.;
- A fêmea deve possuir o aparelho reprodutor perfeito;
- O macho deve ter todos os seus órgãos genitais externos perfeitos, com os dois testículos na bolsa ou saco escrotal, pois a falta de um deles (monorquídio) ou dos dois (criptorquídio) é um defeito grave, inutilizando o cão para a reprodução.

Só devemos adquirir um cão, qualquer que seja o seu tamanho, idade ou raça, após ele haver sido submetido a um completo e rigoroso exame, realizado por um médico veterinário.

Naturalmente, quanto maior a idade do filhote, maior é a garantia de uma boa escolha, porque, com o crescimento, suas características vão se acentuando; por essa razão, só devemos adquirir um cachorrinho com, no mínimo, 45 dias de idade.

Após a aquisição do filhote

Logo depois de adquirirmos o filhote, devemos levá-lo a um médico veterinário para que seja feito um exame geral. O profissional dará uma boa orientação sobre a sua alimentação e o seu manejo, receitará um vermífugo, indispensável nessa época da vida do filhote, e iniciará o esquema de vacinação, caso o cãozinho ainda não tenha recebido as primeiras doses.

Filhotes com quatro meses - prop. Diogo Salas Ortiz - Canil Little Crystal.

Little Crystal Viktor - 2 meses - prop. Diogo Salas Ortiz - Canil Little Crystal.

CAPÍTULO 10

Fases do crescimento do filhote

O filhote, logo depois de desmamado, ou quando está com 45 ou 60 dias de idade, deve ser examinado por um médico veterinário, pois precisa começar a fase de vermifugação e vacinação.

Esse período é de grande importância para a vida, o desenvolvimento e o futuro do cãozinho. É também o que acarreta maiores preocupações, porque os filhotes, antes da desmama, estão sob os cuidados da mãe. A cadela cuida da higiene deles, dá a eles o carinho, o cuidado e a proteção de que tanto necessitam, além de nutri-los com o melhor alimento, ou seja, o leite materno, que transmite proteção e resistência imunológica contra algumas doenças.

A partir da desmama, no entanto, o filhote passa a depender somente do seu dono para alimentá-lo, tratá-lo, protegê-lo contra as doenças, defendê-lo de outros animais e, ainda, proporcionar a ele o carinho de que tanto necessita, principalmente nessa fase da vida.

Além dessas responsabilidades, devemos nos preocupar, e muito, com o ensino e o treinamento do cãozinho, pois isso é indispensável para que ele cresça sadio, bem educado e obediente, trazendo grandes alegrias ao seu dono.

O seu período de crescimento e de desenvolvimento vai desde a desmama até à fase adulta, quando se completa a calcificação dos seus ossos, o que nos cães da raça Spitz Alemão, ocorre, geralmente, entre os 9 e 12 meses de idade.

Controle de peso

A pesagem para controlar a saúde, o crescimento e o desenvolvimento do filhote deve ser feita com regularidade, porque, quando verificamos que não há aumento de peso ou que ele é muito pequeno, isso indica que sua alimentação não está sendo adequada ou que ele não está sendo alimentado de maneira satisfatória. Isto é, ou a alimentação está sendo fornecida em quantidade insuficiente, ou sua composição nutritiva é fraca e não atende às necessidades do cãozinho.

Por meio do controle de peso podemos, ainda, suspeitar de possíveis problemas de saúde, pois se o animal está sendo bem alimentado e mesmo assim não apresenta o ganho de peso normal para sua idade, isso indica que pode haver algum outro problema, que deverá ser analisado por um médico veterinário. Normalmente, o que causa o pouco ganho de peso são as verminoses, muito comuns em filhotes.

Uma alimentação insuficiente ou inadequada pode ser a causa predisponente de doenças, não só da nutrição, mas também as infecciosas, parasitárias ou orgânicas.

Outra vantagem que o controle do peso apresenta é permitir que seja avaliada, também, a uniformidade no crescimento e no desenvolvimento da ninhada. Um fator importante para criadores.

Mudança da dentição

A troca dos dentes de leite pelos definitivos começa a ser feita quando o filhote está com 3,5 meses e termina, normalmente, quando ele atinge os 6 meses de idade. É muito importante que, nesse período, os dentes do cãozinho sejam examinados diariamente, porque, às vezes, nascem os dentes definitivos antes mesmo de caírem os dentes de leite. Quando isso ocorre, o cão pode até ficar com uma dentadura dupla, o que lhe causa grandes problemas, dificultando sua mastigação e, em consequência, sua alimentação.

Esse problema afeta, principalmente, os dentes caninos ou presas que, aos 6 meses, já atingiram seu tamanho máximo. Quando os dentes de leite não caem normalmente, devem ser extraídos. A higiene bucal deve ser feita com dentifrícios especiais para cães, por meio de escovação feita com escovas próprias para o tamanho da raça.

Filhotes com 50 dias - prop. Diogo Salas Ortiz - Canil Little Crystal.

Macho, 45 dias, creme - prop. Diogo Salas Ortiz - Canil Little Crystal.

CAPÍTULO 11

O período de lactação e como realizar a desmama

Os cães, como todo mamífero, até certa idade se alimentam somente com o leite produzido pela mãe. Por esse motivo, a sua vida, a sua saúde, o seu desenvolvimento e a sua precocidade dependem da quantidade e da qualidade do leite que ela produz.

O primeiro leite e o colostro

A cadela pode amamentar os seus filhotes logo após terminar o parto, pois suas glândulas mamárias já começam a produzir leite. Esse primeiro leite é um pouco mais grosso do que o leite normal, porque contém o colostro, cuja composição inclui substâncias ricas em proteínas, sais minerais, vitaminas e anticorpos contra diversas doenças. Além disso, o colostro tem um efeito laxativo, que faz os filhotes recém-nascidos evacuarem o mecônio, que é uma substância pastosa e amarelada, deixando os seus intestinos livres dessa substância que os manteve "cheios" durante toda a sua vida fetal, mas que deve ser eliminada logo após o nascimento.

Estudos apontam que a composição do leite de uma cadela saudável apresenta 7,4% de proteínas; 0,45% de cálcio; 0,51% de fósforo e 1,33% de cinzas, o que o torna muito rico, fazendo com que em apenas 9 dias os filhotes dobrem o peso que tinham ao nascer.

Lactação

É o período mais importante da vida dos filhotes. Começa com a primeira mamada que eles fazem logo após o nascimento, e termina com a desmama, quando a cadela não mais produz o leite.

Enquanto os filhotes estão mamando e só se alimentam com o leite materno (antes, portanto, de ingerir outros alimentos), a maior parte de suas funções orgânicas depende da cadela, principalmente nas duas primeiras semanas de vida. Além de nutri-los, ela os mantêm aquecidos e limpos, estimulando-os a fazer suas necessidades, entre outras funções.

Produção de leite

Com o estímulo do parto, as glândulas mamárias da fêmea entram em atividade e iniciam a produção de leite, para que ela alimente os seus filhotes logo após o nascimento. A quantidade de leite é limitada pela capacidade leiteira da cadela. Naturalmente, outros fatores influem na sua produção, como: a alimentação, as condições ambientais, a temperatura, o estresse, o manejo, possíveis doenças etc. As cadelas de primeira cria, em geral, produzem menos leite do que nos partos seguintes.

A composição e a qualidade do leite também podem variar de acordo com diversos fatores, como saúde, estresse, cansaço e alimentação, principalmente antes e durante a sua produção leiteira. Por esses motivos é que, durante os períodos de gestação e de lactação, devemos proporcionar à fêmea uma alimentação adequada, farta, sadia, fresca, saudável, nutritiva, bem equilibrada e cuja quantidade seja suficiente para que ela receba, em doses satisfatórias, todos os elementos nutritivos necessários para a sua produção leiteira, e também para compensar o desgaste físico causado pela gestação seguida pelo parto e a lactação. Por isso, devemos dar à cadela de 3 a 5 refeições diárias e água limpa e fresca, de preferência potável e à vontade.

Período de lactação

Embora esse importante período possa variar, as cadelas devem produzir leite para amamentar seus filhotes, no mínimo, durante 30 a 35 dias. Por isso devemos verificar se a cadela, desde a primeira mamada, produz uma quantidade de leite suficiente para alimentá-los.

Quando a mãe é má leiteira ou a sua ninhada é muito numerosa, devemos tomar as providências necessárias, imediatamente, transferindo os filhotes excedentes para outras cadelas, no caso de criadores, ou suplementando sua alimentação com mamadeiras.

Os próprios filhotes reclamam quando não são bem alimentados e permanecem com fome, pois ficam "chorando" e "resmungando".

É preciso que não falte, nunca, leite materno para os filhotes, especialmente nos 3 primeiros dias de vida, porque é nesse período que ele contém o colostro. Devemos, por isso, controlar a produção leiteira da cadela, evitando possíveis prejuízos para o criador quando os filhotes, por não se alimentarem, não se desenvolvem, emagrecem e ficam fracos, chegando a morrer de inanição. Em alguns casos, a mãe não só não os amamenta, como até mesmo os enjeita.

O filhote menor ou mais fraco da ninhada deve ser colocado para mamar na cadela de 2 em 2 horas, para que se alimente melhor e se desenvolva bem, podendo, assim, acompanhar o crescimento de seus irmãos maiores.

Mesmo quando a cadela é boa leiteira, sua produção de leite pode baixar, por várias razões, como: falta de água suficiente para ela beber à vontade, alimentação ruim, inadequada ou deficiente em qualidade ou quantidade, ninhada muito numerosa, desmama precoce, falta de higiene, doenças etc.

As cadelas em lactação não devem tomar determinados medicamentos, como vermífugos, por exemplo, porque eles passam para o seu leite e o contaminam, podendo intoxicar e até matar os filhotes.

As mamadas

Os filhotes devem ser alimentados, nos seus primeiros dias de vida, de 3 em 3 horas, passando depois, para um intervalo de 4 em 4 horas ou de 5 em 5 horas. Esse esquema significa de 40 a 60 mamadas por dia e de 1.200 a 1.300 mamadas por mês, exigindo, sem dúvida, um esforço muito grande da cadela para alimentar a sua ninhada, desde o nascimento até a desmama.

Little Crystal Añdy - 3 anos, com seus "bebês" - prop. Diogo Salas Ortiz - Canil Little Crystal.

Cuidados durante o período de lactação

Durante esse período, é indispensável que, todos os dias, as mamas, ou tetas, da cadela sejam examinadas, para verificar se elas estão normais, sem nenhum ferimento ou problema, ou para que sejam tratadas, quando necessário. Esse exame é importante, porque os filhotes podem arranhá-las ou feri-las com suas unhas afiadas, causando traumatismos, ferimentos e abcessos que podem acarretar infecções, mamites e até a sua perda.

Esses problemas, além de tudo, provocam dores, às vezes muito fortes, trazendo grande sofrimento para a cadela.

Quando os filhotes completam de 10 a 15 dias de idade, já começam a aparecer dentinhos finos e pontiagudos que não só irritam as tetas, mas também podem feri-las, provocando os mesmos problemas que as unhas. Portanto, para amamentar seus filhotes, a cadela pode sentir muitas dores e sofrer bastante, o que, às vezes, a faz evitar que eles mamem e, quando as dores são muito fortes, ela acaba não deixando que eles o façam.

Para diminuir ou evitar esses problemas, devemos cortar as unhas dos filhotes, desde a sua primeira semana de vida, para mantê-las sempre aparadas e bem curtas.

Se as mamas da cadela começarem a ficar muito vermelhas, devemos aplicar compressas quentes sobre elas e fazer massagens para que desinchem, desinflamem e voltem ao normal, o que alivia as dores que a cadela sente e que, muitas vezes, são bastante fortes.

Alimentação suplementar

Quando a ninhada é muito grande ou a cadela produz pouco leite, os filhotes devem receber uma alimentação suplementar, para que fiquem bem alimentados. Para isso, devemos dar-lhes 2, 3 ou mais mamadeiras ao dia, além de mamarem na mãe.

Quando os filhotes completam 25 dias de idade, podemos também ajudar na sua alimentação, dando-lhes 1 gema de ovo crua diluída em 100 ml de leite de vaca.

As mamadeiras podem ser preparadas com receitas caseiras ou com leite industrializado, específico para cada fase do aleitamento do filhote.

Receita para mamadeiras

Entre diversas receitas, podemos indicar a seguinte:

- Leite integral – 1 litro;
- Leite em pó – 1 xícara;
- Creme de arroz – 1 xícara;

- Gemas – 1 ou 2;
- Glicose – 1 colher (sopa);
- Produto à base de cálcio e fósforo, para uso oral – 1 colher (sopa);
- Geleia de mocotó ou gelatina em pó – 1 colher (café);
- Amido de milho – 1 colher (sopa).

Misture todos os ingredientes até ficar homogêneo e distribua nas mamadeiras esterilizadas.

Podemos dar mamadeiras aos filhotes, nas seguintes situações:

1. Quando a cadela não produz leite suficiente para alimentá-los, porque sua produção é pequena ou porque a ninhada é muito grande;
2. Para filhotes órfãos;
3. Quando o criador não consegue uma cadela para amamentar os filhotes excedentes de ninhadas numerosas ou que ficaram órfãos.

As mamadeiras podem ser feitas, também, com leite em pó próprio para cães em fase de lactação. Esse tipo de leite pode ser encontrado nas boas lojas do ramo e é, provavelmente, a melhor e mais nutritiva opção para os filhotes que não tenham à sua disposição o leite materno ou de outra cadela.

Desmama

A cadela deixa os filhotes mamarem à vontade, normalmente, até mais ou menos 30 dias de idade, pois já na 4ª semana de vida, ela passa a controlar as mamadas, diminuindo sua frequência e chegando a evitar, ao máximo, que eles mamem, começando assim, a desmama natural. Os filhotes passam, então, a se interessar por outros alimentos.

Nessa fase, devemos começar a oferecer aos filhotes papinhas industrializadas ou outros alimentos indicados para o período de desmama.

Com mais ou menos 7 semanas ou 45 dias de vida, os filhotes ficam independentes, e não precisam mais da mãe para se alimentar, podendo, portanto, ser desmamados, voltando a cadela à sua dieta normal.

Quando os filhotes são bem alimentados, com 9 dias de idade já atingem o dobro do peso que possuíam ao nascer e, com mais ou menos 3 semanas, seu peso já é 4 vezes maior do que quando nasceram.

Não devemos desmamar todos os filhotes de uma só vez, porque sem ter nenhum para sugar o seu leite, a cadela ficará com as mamas cheias, o que pode lhe causar muitas dores e grande sofrimento, com inflamações, abcessos, mamites, e em casos mais graves, até a perda de mamas.

Devemos, como rotina, dar um vermífugo aos filhotes quando eles estiverem com 8 semanas de idade para que eliminem os vermes que os infestam logo depois do nascimento, mesmo que não apresentem sintomas de verminose (barriga grande ou esticada e fezes coloridas, magreza etc.).

Quando o filhote desmama, deve receber um prato individual, só para ele, pelos seguintes motivos:

1. Ele passa a comer somente no seu prato, o que facilita o treinamento, mais tarde, para não comer nada que encontre no chão ou comida oferecida por estranhos.

2. Ele fica menos sujeito a contrair doenças transmitidas por alimentos impróprios e até envenenados, propositalmente ou não.

3. Não há competição pela comida, entre os filhotes, como acontece quando todos eles comem em um só prato ao mesmo tempo, pois os maiores e mais fortes comem, também, a porção dos menores e mais fracos que, se alimentando menos, têm o crescimento, o desenvolvimento e a saúde prejudicados.

4. Quando são vendidos ou doados e vão para suas novas casas, levam o seu prato, o que facilita a adaptação ao novo ambiente, continuando com a boa alimentação. Quando um filhote fica choramingando, irritado, nervoso e agoniado, isso pode ser um sinal de que ele está com fome ou com dor de barriga (cólica) provocada, em geral, por vermes intestinais.

Alimentação artificial

Após a desmama, a alimentação dos filhotes pode incluir leite de vaca, mingau, sopa de legumes e arroz com 1 colher (chá) de carne crua moída ou picada. A carne pode ser aumentada gradativamente até 1 xícara, 2 vezes ao dia, quando os filhotes completam 3 semanas de idade. Eles podem ser alimentados, também, com rações próprias para filhotes.

Os filhotes desmamados devem receber 4 refeições ao dia, passando, depois, a 3 refeições. Os cães adultos podem ser alimentados 2 vezes ou somente 1 vez ao dia. As refeições com comida caseira devem ser dadas, de preferência, mornas. Sua composição deve variar, para melhor satisfazer o gosto ou o apetite dos cães.

Apesar de poder ser alimentado com "comida caseira", devemos salientar que o melhor para o cãozinho é receber toda a sua alimentação em forma de ração seca balanceada, que são vendidas em pet shops e outros estabelecimentos comerciais. Procure sempre a melhor ração, ou seja, a mais adequada à raça, ao peso e à idade do cãozinho. Para os Spitz/Pomerânia, devemos procurar rações específicas para a raça ou destinadas a cães de pequeno porte.

Esse tipo de alimentação é mais indicado do que a "comida caseira", desde que seja de qualidade, de uma marca conceituada e que contenha todos os nutrientes necessários para o filhote, conforme a fase de seu desenvolvimento.

Mas caso o dono prefira ofertar a comida caseira, os cães podem ser alimentados com arroz, carne moída ou picada e cenoura ou outro legume, cozidos em água com pouco sal. Devem receber, também, vitaminas e sais minerais.

Os filhotes devem ser alimentados, o que é importante, sempre no mesmo horário e cada um no seu prato, colocado sempre no mesmo local e sobre um suporte especial ou mesmo um caixotinho, para que fique elevado e não diretamente sobre o chão.

Leite no prato

Alimentar os filhotes em mamadeiras é muito fácil, porque basta encostar o bico na boca e eles sentirem o cheiro do leite para que comecem logo a mamar, como nas tetas da cadela. Quando, porém, o leite ou o mingau são colocados em pratos ou comedouros, é necessário ensiná-los a beber nesses recipientes. Basta, para isso:

1. Colocar o leite ou mingau em um comedouro apropriado para o tamanho do filhote;
2. Pegar uma colher pequena, "sujá-la" no leite e encostá-la na boca do filhote, porque, ao sentir o gosto do alimento, ele começará logo a lambê-la;
3. Colocar o filhote bem junto ao comedouro, molhar novamente a colher no leite e encostá-la outra vez no seu focinho, pois logo começará a lambê-la;
4. Baixar a colher até o filhote encostar a boca na superfície do leite, porque, logo que isso acontecer, ele passará a lamber o leite do comedouro;
5. Se o filhote não começar a beber o leite, devemos repetir a operação, porque, da segunda vez, ele o fará.

Outro método para ensinar o filhote a beber leite no comedouro é o seguinte:

1. Lavamos as mãos e as enxugamos bem;
2. Molhamos um dedo no leite do prato e deixamos o filhote lambê-lo;
3. Molhamos outra vez o dedo no leite e, enquanto o filhote o está lambendo, nós o baixamos, pois logo que sentir o cheiro do leite, passará a lambê-lo, acostumando-se, assim, a beber ou a comer todo alimento que for colocado no seu prato.

Baias para alimentação dos filhotes

Cada filhote, como já mencionado, deve ter o próprio prato, comendo somente nele e nunca nos pratos de outros cães. É necessário, no entanto, que sejam treinados para isso, o que exige algum trabalho.

Para facilitar, podemos empregar baias especiais, ou seja, pequenos compartimentos dispostos em série, um ao lado do outro, sendo colocados, em cada baia, um filhote e seu prato.

As baias são separadas por divisões de plástico, vidro, grade, tela, ripas de madeira ou outros materiais, desde que permitam aos filhotes ver os seus vizinhos, mas, o que é importante, não possam ter acesso aos seus pratos. Dessa maneira, em pouco tempo, os filhotes se acostumam a comer somente em seu próprio prato, mesmo que estejam soltos, fora das suas baias, e não tentarão comer a comida nos pratos dos outros cães.

Essas baias podem ser usadas para cães de todos os tamanhos e idades (de filhotes a cães adultos), porque podemos nelas colocar, além de comedouros, bicos de mamadeira para filhotes que ainda estão mamando.

Surdez

Todos os filhotes nascem surdos, mas, alguns dias depois, passam a ouvir normalmente. Em uma ninhada, no entanto, algum filhote pode nascer realmente com surdez, sem poder escutar os sons normais como gritos, assobios, os chamados das pessoas, barulhos de carros, de portas, de janelas etc.

Ele é sempre o último a sair do ninho para se alimentar, fazer as suas necessidades ou só para passear, porque acompanha seus irmãos que saem assim que ouvem o chamado do dono.

Quando o cão é surdo, ele não faz o gesto que todos os cães fazem instintivamente, mesmo quando ainda são filhotes, de levantar imediatamente a cabeça e virar as orelhas na direção de um barulho, para identificá-lo. Por esse motivo devemos, normalmente, controlar o comportamento dos filhotes que são sempre os últimos a saírem do ninho, suspeitos de não escutarem bem.

Quando houver suspeita de surdez, o filhote deve ser submetido a testes para verificar sua capacidade auditiva, ou seja, se ele é totalmente surdo ou qual o grau da sua surdez. Esse teste é muito simples, pois basta chamar o filhote, assobiar, fazer algum barulho batendo com um objeto em uma vasilha qualquer, mas sempre fazendo sons diferentes. Com esse procedimento, podemos concluir se o filhote ouve normalmente, ou se ele escuta parcialmente e qual é o seu grau de surdez, ou se ele é totalmente surdo.

O cão que tiver algum problema de audição deve receber cuidados especiais, pois, por exemplo, se o soltarmos na rua livremente, ele poderá ser atropelado ou sofrer outro tipo de acidente, em decorrência da surdez.

Como cuidar das unhas dos filhotes

Quando atingem mais ou menos 1 semana de idade, os filhotes começam a se movimentar pelo ninho, passando uns sobre os outros e sobre a cadela. Por esse motivo, suas unhas devem ser cortadas, para que não arranhem a mãe nem provoquem ferimentos nas suas mamas, o que a deixa bastante nervosa e irritada. Além disso, cortar as unhas dos filhotes evita que eles fiquem se arranhando, o que pode causar ferimentos, infecções, etc.

Se não cortarmos as unhas dos filhotes, elas podem se transformar em um problema sério para a cadela, porque são numerosas e ficam grandes, pontudas e afiadas, podendo causar um grande incômodo.

As tetas da cadela podem ficar muito sensíveis e, às vezes, ela sente dores muito fortes, principalmente porque, quando mamam, além de as sugarem e esticarem, os filhotes as empurram ou "cutucam" com o focinho e as patas, dão pancadas sobre elas e as arranham com as unhas. Como isso pode provocar dores que podem ser muito fortes e até mesmo insuportáveis, a cadela, muitas vezes, nem os deixa mamar.

As unhas dos filhotes devem ser cortadas uma vez por semana, com uma tesoura pequena bem afiada ou um alicate especial para unhas. Devemos tomar muito cuidado para não cortar as unhas curtas demais, para não atingir "o sangue", ou seja, a parte em que se localizam as artérias, veias e nervos, para evitar feridas, sangramentos, dores e possíveis infecções.

Quando os cãezinhos já saem do ninho e começam a andar e a correr em superfícies ásperas, as unhas se desgastam mais, ficando menos pontudas e mais curtas.

Banheiro para os filhotes

Os cãezinhos, normalmente, defecam logo depois que terminam cada refeição, o que é um fenômeno normal, porque a entrada de alimentos no estômago estimula o funcionamento dos intestinos. Devemos, por isso, destinar um local especial para eles fazerem as suas necessidades, e o mais perto possível dos seus pratos de comida ou do seu ninho. Basta levá-los ao "banheiro" logo que acabarem de comer, para que eles se acostumem a fazer lá as suas necessidades, e, em pouco tempo, eles já irão sozinhos, facilitando muito a limpeza da área onde ficam, dentro ou fora da casa ou do canil.

As evacuações vão ficando mais espaçadas à medida que os filhotes vão cescendo, mas ocorrem, geralmente, nas mesmas horas. Como os cães adultos recebem refeições 1 ou 2 vezes ao dia, isso facilita muito os trabalhos de limpeza ou de levá-los "para passear", ou seja, para que façam as suas necessidades na rua. Porém, hoje há sérias restrições devido às proibições e multas impostas por serviços sanitários de muitas prefeituras, quando o cão "suja" a rua.

Importante é que, mesmo em casa ou apartamento, podemos colocar um tabuleiro com jornais, papéis, tapetes higiênicos ou areia no fundo e também um desinfetante, para servir de banheiro para os cães.

CAPÍTULO 12

Como criar o Spitz Alemão/Pomerânia

Uma boa criação de cães da raça Spitz Alemão deve se basear em:

1. Bons reprodutores, tanto o macho como a fêmea;
2. Boa alimentação;
3. Instalações adequadas;
4. Bom manejo.

Devemos sempre escolher reprodutores cujas características contribuam para que os resultados dos cruzamentos atinjam um elevado nível dentro do padrão da raça.

Os reprodutores precisam ser examinados cuidadosamente por um médico veterinário de confiança, pois não podem transmitir qualquer tipo doença, mesmo as mais comuns à raça. Para isso, existem exames especiais para o seu diagnóstico, bem como para doenças venéreas, e até mesmo para a brucelose, por meio de testes sorológicos.

Escolha dos machos ou padreadores

É uma escolha de grande importância, porque eles irão transmitir aos filhotes as suas boas ou más características. Deles depende, portanto, em grande parte, o sucesso da criação, como verificaremos mais adiante.

Para entrarem em reprodução, os machos devem ser puros e terem os órgãos genitais perfeitos e todo o seu aparelho reprodutor funcionando normalmente. Além disso, devem apresentar uma série de características: serem sadios, rústicos, bem conformados, vivos, fortes, vigorosos, de constituição robusta, ágeis e impetuosos.

Não devem ser muito gordos, mas bem musculosos. Não devem apresentar pus, secreções ou calombos pelo corpo. Devem ter o focinho úmido e os pelos de acordo com o padrão oficial da raça, sendo lisos e brilhantes. Não devem ser nem muito jovens nem muito velhos, para que possam ser utilizados com o máximo de aproveitamento, durante mais tempo, e serem livres de defeitos genéticos, além de possuir acentuadas características sexuais e raciais.

É de grande importância que sejam conhecidas as características dos seus ascendentes (pais e avós), pois maiores serão as possibilidades de seus filhotes corresponderem ao desejado.

Para que haja uma boa seleção de reprodutores, é necessário que eles sejam identificados por um nome ou um número, e que exista um controle da sua vida, das coberturas, da sua ascendência, descendência etc.

Seleção das fêmeas ou matrizes

As características desejadas nas cadelas, para que sejam boas matrizes ou reprodutoras, são:

- Serem sadias, ativas e não muito gordas;
- Terem o focinho úmido e os pelos de acordo com os padrões da raça;
- Não serem muito jovens nem muito velhas, para que possam ser aproveitadas durante mais tempo;
- Terem linhas finas, serem bem conformadas e compridas;
- Apresentarem o seu terço posterior mais desenvolvido;
- Serem mansas e calmas.

É indispensável, no entanto, que sejam férteis, prolíficas e boas criadeiras, além de possuírem uma boa capacidade leiteira, pois essas características são de grande importância e preponderante fator de sucesso na reprodução dos cães. As cadelas que não produzirem leite durante 30 a 35 dias devem ser descartadas da reprodução.

As fêmeas entram em reprodução mais cedo do que os machos, mas, em compensação, terminam sua missão também mais cedo, porque as gestações e lactações sucessivas desgastam muito o seu organismo.

As primeiras coberturas e as crias obtidas já fornecem uma boa orientação sobre as qualidades das fêmeas, como reprodutoras e criadeiras. Quando elas não produzem filhotes fortes, sadios, de bom tamanho, peso e em número satisfatório, ou quando a mortalidade dos filhotes é elevada ou eles são fracos e não atingem um bom desenvolvimento na desmama, elas devem ser eliminadas da reprodução, porque isso revela que são más criadeiras ou más reprodutoras.

As boas cadelas da raça Spitz Alemão dão, com facilidade, 2 partos por ano, variando o número de filhotes por parto, sendo, em geral, de 2 a 5 filhotes.

Essa orientação já fornece uma boa base para a aquisição dos reprodutores, o que só deve ser feito, no entanto, de criadores competentes, idôneos ou em casas especializadas, de confiança, e com a exigência do pedigree.

Idade para a reprodução

Os cães já podem se reproduzir quando atingem a puberdade, com 6 a 10 meses de idade, quando as cadelas têm o seu primeiro cio e os machos já produzem espermatozoides. Não aconselhamos, no entanto, a sua reprodução com essa idade, pois ainda são muito novos e terão o seu desenvolvimento prejudicado com o desgaste da reprodução, principalmente as cadelas, que terão de suportar gestações e lactações sucessivas, o que lhes provoca um grande desgaste físico, principalmente se as ninhadas forem grandes.

O melhor é realizar o primeiro acasalamento quando a fêmea tiver o seu segundo cio. Além disso, as cadelas muito novas ainda não possuem o instinto maternal desenvolvido e nem sempre cuidam dos seus filhotes como deveriam, podendo até abandonar as suas crias.

Para obter os melhores resultados, o criador deve possuir somente reprodutores selecionados, de elevado padrão, tanto machos quanto fêmeas, além de controlar todas as etapas da reprodução de seus cães, pois isso é indispensável para que obtenha bons animais e os melhores resultados econômicos, no caso de criação comercial.

Ciclo estral ou sexual da cadela

Como as outras fêmeas mamíferas, a cadela possui um ciclo estral que se repete, em média, duas vezes ao ano, ou seja de 6 em 6 meses, e que tem as seguintes fases:

1. Proestro, cuja duração é de nove dias, durante os quais a cadela apresenta a vulva inchada, sangramento ou menstruação e atração pelo macho;
2. Estro ou cio, durando, também, nove dias. O sangramento para e a cadela não só aceita, mas procura o macho para o acasalamento. A ovulação ocorre nos dois ou três primeiros dias dessa fase;
3. Metaestro, que é a fase de regressão, cuja duração é de mais ou menos três meses;
4. Anestro é o período ou a fase de repouso ou inatividade dos ovários e sua duração é de dois meses, terminando quando se inicia o novo ciclo estral.
5. Na prática, a fase mais importante para o criador, e a mais esperada, é o estro ou cio, porque é o período fértil, no qual são realizados os acasalamentos, que devem ser efetuados dois a três dias após o término do sangramento, ou seja, onze a doze dias do início da menstruação. A duração média do cio é de nove dias, podendo variar de cinco a doze, de acordo com o tamanho ou a raça da cadela.

O cio

É na puberdade que aparece o primeiro cio. Quanto menor a raça ou variedade da cadela, mais cedo ela tem o seu primeiro cio. Nas cadelas da raça Spitz Alemão, ele ocorre, geralmente, entre os 6 e 12 meses de idade, e se repete duas vezes ao ano, durando, em média, nove dias, embora, como já mencionamos, possa durar de cinco a doze dias. É nessa fase que ocorre a ovulação, mais provavelmente no segundo ou no terceiro dia desse período.

Por ser a fase mais importante para o criador, pois é nela que são realizados os acasalamentos, dois a três dias após o término do sangramento, é muito importante que saibamos, exatamente, quando termina essa fase.

Para verificar quando termina o sangramento, basta fazer a cadela dormir sobre um lençol claro, pois todas as noites ele ficará "sujo" de sangue. No primeiro dia em que ele amanhecer limpo, é sinal de que o sangramento já parou. Basta, então, contar onze ou doze dias do início do "sangue", para fazer o acasalamento.

Alguns fatores podem provocar a diminuição e até mesmo a ausência do cio, como: alimentação ruim ou defeituosa, muito abundante ou afrodisíaca, a consanguinidade, distúrbios glandulares etc.

Algumas doenças (quistos ovarianos, por exemplo) podem provocar um cio permanente nas fêmeas que, por isso, são denominadas ninfômanas. Há cadelas que têm problemas de inflamação no útero (metrite) e, em consequência, sua menstruação tem uma duração anormal.

Não deixar as fêmeas engordarem muito é um aspecto importante, porque as muito gordas dificilmente engravidam, e o excesso de gordura torna o parto difícil, trazendo grande sofrimento para a cadela.

Preparando para o acasalamento

Como se trata de um ato sexual normal e indispensável para que haja a reprodução natural, em geral, ele se realiza sem maiores problemas. No caso, porém, de a cadela e o cão serem virgens, o cruzamento pode se tornar difícil e até mesmo nem se realizar. Nessas circunstâncias, a pessoa que está acompanhando ou vigiando o casal deve intervir, ajudando para que o acasalamento se realize.

Na maioria das vezes, isso ocorre devido a dificuldade do macho em "acertar" a vulva da cadela, para que o seu pênis nela penetre, realizando-se assim, o acasalamento.

O melhor, quando se tratar de um macho novo, é juntar a ele uma cadela que esteja entrando no cio, para que haja mais tempo para ser feito um maior número de tentativas de acasalamento e ele possa se realizar antes do fim do período de ovulação da cadela.

Devemos, no entanto, tomar alguns cuidados antes de juntarmos o casal para a cobertura, como, por exemplo:

- Não acasalar cadelas no seu primeiro cio, mas somente do segundo ou terceiro em diante;
- Só acasalar machos depois de um ano de idade;
- Quando não são mais ou menos da mesma idade, o melhor é acasalar uma cadela mais velha e experiente com um macho mais novo, ou então, uma fêmea jovem, especialmente quando é virgem, com um macho mais velho e com muita experiência.

Como mencionado, devemos, também, acasalar somente cães em perfeitas condições de saúde, livres de parasitas externos ou internos (vermes), vacinados e com os órgãos genitais perfeitos.

O acasalamento deve se realizar em ambiente isolado, sossegado e, de preferência, na presença de uma única pessoa, para controlá-lo. Para que se realize, tanto a fêmea pode ser levada ao macho, quanto este à cadela.

Ritual do acasalamento

Para a realização do acasalamento, quando o macho e a fêmea vão se ver pela primeira vez, ao serem colocados juntos devemos proceder da seguinte maneira:

- Uma pessoa segura o cão e uma outra a cadela, mantendo-os separados, a certa distância um do outro, pela guia, para que eles se vejam e para que possam ser observadas as suas reações, um em relação ao outro;

- Quando um deles tenta avançar sobre o outro, deve ser acalmado com palavras;
- Aos poucos, deixar que os dois se aproximem até que consigam se cheirar;
- Caso comecem a abanar a cauda e não demonstrem sinais de agressividade, as guias podem ser afrouxadas para que se reconheçam melhor, o que fazem cheirando, principalmente as regiões anal e genital um do outro;
- Não havendo nenhuma reação agressiva de um ou de ambos os animais, eles podem ser soltos, à vontade, livres para o acasalamento que, quando a fêmea está no cio e o macho é normal, será realizado sem problemas;
- Terminado o ato sexual, os animais se separam normalmente e devem ser colocados isolados um do outro, pois somente uma cobertura é suficiente para que haja a fecundação e a cadela entre em gestação. Caso, no entanto, o criador queira repetir o acasalamento, "para garantir", basta juntar o casal uma ou duas vezes mais, nos dias seguintes, pois a cadela ainda receberá o macho, por mais uns cinco a sete dias.

Depois do acasalamento e terminado o cio, a cadela volta à sua vida normal. Não há necessidade de alterar os seus hábitos nem a sua alimentação, até ficar comprovado que ela entrou em gestação.

No caso de canis, o ideal é cobrir duas ou mais cadelas, no mesmo dia, para que seja possível, se necessário, passar filhotes excedentes para serem amamentados por aquela que tiver poucos filhotes, que neste caso servirá de ama de leite.

O acasalamento

É o ato sexual realizado entre animais de sexos diferentes e tem, como objetivo, a fecundação dos óvulos pelos espermatozoides ejaculados pelo macho dentro da vagina da fêmea. Sem fecundação não há reprodução.

O acasalamento, como já mencionado, deve ocorrer na presença do criador, não só para que ele comprove a sua realização, mas também para que possa intervir, se necessário. Ele acontece devido à atração sexual que o macho sente pela fêmea e vice-versa, atração esta estimulada pelos hormônios sexuais que, na fêmea, produzem um "cheiro" típico quando ela está no cio, e que atrai os machos, até mesmo a longas distâncias.

Deve ser realizado no 11º, 12º ou até o 16º dia após haver "parado o sangramento" da cadela, o que varia um pouco, pois o melhor dia está nesse período, não havendo um dia certo como o melhor para a cadela enxertar.

Os melhores dias são aqueles em que a cadela aceita o macho com maior facilidade, o procura e até monta nele ou em outras cadelas, "anunciando", assim, que está no auge do cio.

Um sinal típico e importante, porque significa que a cadela está no cio e bastante excitada, é que ela desvia a cauda para um dos lados, deixando livre a sua vulva quando um macho ou mesmo uma outra cadela chega perto ou tenta montá-la.

Para maior garantia de fecundação da fêmea, o acasalamento pode ser repetido uma hora depois, quando não for realizado normalmente, ou 24 a 48 horas depois, para maior garantia de obter uma gestação.

Nos cães, a cópula dura, geralmente, 15 minutos contados a partir da penetração do pênis, até que o casal se separe normalmente, embora possa levar até 30 minutos ou mais.

Quando o dono de uma cadela "contrata" um padreador para cobri-la, considera o serviço satisfatório quando os animais ficam "juntos" ou "engatados" pelo menos durante 15 minutos. A ejaculação do cão é feita lentamente e em gotas.

Devemos chamar a atenção para um aspecto muito importante do acasalamento dos cães: o pênis do cão, ao penetrar na vagina da cadela, ainda se encontra um tanto flácido, mais ou menos "mole". Logo, porém, que penetra em seu interior ele entra em ereção total, ficando intumescido e rígido ("duro").

O pênis do cão possui duas protuberâncias ("bolas"), uma de cada lado. Quando ele penetra na vagina da cadela, essas protuberâncias, ainda "moles", vão se ajustando e passam pelos ossos pélvicos da fêmea. Quando, no entanto, já dentro da vagina, o pênis entra em ereção total, elas aumentam de tamanho e se tornam duras. É por isso que o pênis não pode sair, mantendo os animais presos um ao outro por algum tempo.

Somente depois que a ereção vai diminuindo e cessa, ficando o pênis e as "bolas" mais moles e menores, é que o órgão pode sair, permitindo que o casal se separe. Por esse motivo, quando o macho e a fêmea estiverem unidos ou "engatados" (na linguagem popular) devem ser deixados bem sossegados, porque, se forem incomodados ou assustados, podem se movimentar ou até correr, tentando se separar antes do tempo, o que provoca dores, sofrimentos, ferimentos graves e até fraturas, tanto no macho, que pode ter o osso peniano fraturado, quanto na fêmea, com a ruptura da bacia.

Com os cuidados necessários, o acasalamento se realiza normalmente, sem nenhum problema, pois é um ato natural na reprodução dos cães. Quando, no entanto, os cães são molestados, principalmente quando estiverem unidos, esse ato natural pode se transformar em um verdadeiro acidente na vida desses animais.

Outro cuidado importante é não deixar o macho e a fêmea juntos por vários dias, mesmo quando a cadela estiver no cio, porque não é necessário para a fecundação e só causará cansaço e esgotamento desnecessários à fêmea e principalmente ao macho.

Cuidados após o acasalamento

O primeiro e mais importante cuidado que o criador deve tomar após o acasalamento da cadela, é evitar que outro macho se aproxime, pois ele pode acasalar com ela, fecundando-a também, o que causaria grandes prejuízos, principalmente no caso de uma cadela de elevado padrão zootécnico, que poderia ser enxertada até por cães de outras raças ou mesmo sem raça definida.

Depois de terminado o acasalamento e de os animais serem separados, deve ser feita a sua higiene, sendo que a da fêmea deve ser somente externa.

Como mencionado, às vezes a cobertura falha, e podemos repeti-la por mais duas vezes, com intervalos de um dia entre elas.

Antipatia sexual

Como ocorre entre os seres humanos, também entre os cães pode haver uma antipatia sexual. Existem cadelas que não aceitam um determinado macho e que, no entanto, podem aceitar outros que lhes sejam "apresentados". O mesmo ocorre com alguns cães que se recusam a cobrir determinada cadela, mas que podem cobrir outras. Por esse motivo, não devemos forçar demais os acasalamentos.

Impotência sexual e fatores psíquicos

A fêmea em cio é juntada ao macho, mas, às vezes, por mais que ela se esforce para ser acasalada, até mesmo montando sobre o cão, este não lhe dá a mínima atenção, não sendo realizado o acasalamento.

Essa "indiferença" do macho pode não ser causada por qualquer doença orgânica, infecciosa ou parasitária, anomalias ou um desvio sexual orgânico. Pode tratar-se, porém, de um problema psíquico, bem mais comum do que se imagina. Isso ocorre porque o animal pode ter sido desmamado muito cedo e criado na mamadeira, somente em contato com pessoas, em um apartamento, sem nenhum contato com outro animal da sua espécie. Por esse motivo, ele se integrou à espécie humana, considerando os homens como seus semelhantes, da sua espécie e por isso, perdeu todo o interesse por outros cães que ele passou a ver como de outra espécie, inclusive as fêmeas.

A causa do fracasso do acasalamento, portanto, foi o fator psicológico que provocou o comportamento anormal do cão.

Fatores físicos, como doenças, má alimentação etc., podem provocar no cão uma impotência sexual que o impede de fazer coberturas, mesmo que a cadela esteja no cio.

Gestação, gravidez ou prenhez

É o resultado da concepção da cadela, com a fecundação dos óvulos pelos espermatozoides, formando os ovos. A gestação começa, exatamente, no momento da nidação, ou seja, no instante em que os ovos se fixam no útero, e termina com a expulsão dos fetos pelo organismo da cadela e o nascimento dos cãezinhos.

A gestação significa, portanto, que a cadela tem, em seu útero, ovos que se transformam em embriões e estes em fetos. Cada feto fica alojado em uma bolsa d'água independente.

Período de gestação

O período de gestação das cadelas da raça Spitz Alemão é, em média, de 60 dias, mas varia de 58 a 68 dias, principalmente de acordo com o tamanho da cadela e o número de fetos, sendo geralmente mais curto nas cadelas menores.

Sinais de fecundação e de gestação

Não existem sintomas que indiquem, nos primeiros dias após a cobertura, se a cadela enxertou. Geralmente são necessários de 30 a 35 dias para que as pessoas leigas, com pouca prática, possam confirmar se a cadela entrou ou não em gestação.

Alguns sinais, no entanto, podem dar certa orientação:

- A cadela fica mais calma, começando a engordar e o seu andado vai se modificando;
- A conformação do seu corpo vai se alterando, principalmente a barriga, que vai se esticando e aumentando;

- Mais no final da gestação, no seu 2º mês, as tetas aumentam e, quando espremidas, deixam sair um leite amarelado;
- Os movimentos dos fetos podem ser vistos externamente, principalmente na última semana de gestação e quando a cadela está deitada de lado;
- Com um estetoscópio, ou até mesmo encostando o ouvido cuidadosamente na barriga da cadela, podem ser ouvidas as batidas cardíacas dos fetos;
- A palpação ventral, no entanto, é o método mais seguro para fazer o diagnóstico da gestação, mas deve ser feita com todo o cuidado. Por esse método é possível a confirmação da gestação entre o 21º e o 28º dias.

Ultrassom

A partir do 20º dia após o acasalamento, no entanto, já é possível saber com certeza se a cadela entrou em gestação por meio do exame de ultrassom. Essa tecnologia passou a ser utilizada na medicina veterinária na década de 1980 e vem se tornando rotina para a maioria dos criadores que, com a confirmação da gestação, podem fazer planejamentos mais precisos.

Esse exame permite também estimar o número de filhotes, não com grande precisão, mas a informação obtida costuma ser bastante valiosa para os criadores.

A ultrassonografia é um exame não invasivo, que não causa nenhum tipo de reação e não traz riscos nem à cadela nem aos seus filhotes.

Gestações anormais

Alguns problemas imprevisíveis podem ocorrer, entre eles as gestações extrauterinas, como as que ocorrem nas trompas, que precisam de cuidados imediatos, pois são de grande risco para a vida da cadela; os abortos, ou seja, a expulsão dos fetos antes de estarem formados ou em condições de sobreviver; e a formação de fetos com anormalidades severas.

Exercícios

Principalmente por estar grávida, a cadela deve fazer exercícios diários, pois eles estimulam a circulação sanguínea, a respiração, o bom funcionamento dos intestinos, evitando a "prisão de ventre", e exercitam os músculos de todo o corpo, mantendo-os "em forma", o que vai ajudar muito no trabalho de parto.

Além disso, os exercícios, aliados a uma alimentação controlada e não excessiva, fazem com que a fêmea não engorde muito, o que também auxiliará bastante no parto, pois a gordura excessiva dificulta muito o nascimento dos filhotes e causa maiores sofrimentos à parturiente e aos próprios filhotes durante o nascimento.

Naturalmente, os exercícios não devem ser excessivos e a cadela gestante não deve se cansar muito, principalmente nas últimas semanas antes da data prevista para o parto, para que ela atinja esse momento descansada e relaxada psicologicamente.

Alimentação na gestação

No primeiro mês de gestação, a cadela pode continuar recebendo a mesma alimentação que recebia antes do acasalamento. Como, no entanto, durante a gestação a cadela tem de arcar com o ônus da formação dos fetos e mesmo depois que os filhotes nascerem ela tem de amamentá-los, é muito importante que receba uma alimentação sadia, fresca e abundante, mas não em excesso, para que não engorde muito, bem equilibrada e composta de proteínas, carboidratos, sais minerais e vitaminas.

Entre os alimentos indicados, temos as rações balanceadas específicas para cadelas gestantes, com farinhas, cereais, verduras, carnes, peixes, ovos etc.

No segundo mês de gestação, a cadela deve receber uma maior quantidade de alimentos do que o usual. Esse aumento pode ser de 20% a 30%, porque o desenvolvimento dos fetos é muito grande nesse período, mas a alimentação deve ser controlada para evitar o excesso. É aconselhável, também, que ela receba diariamente um complexo de vitaminas e sais minerais e que disponha sempre de água fresca, limpa e à vontade, principalmente no período de gestação e de lactação. Uma alimentação escassa e deficiente ou a falta de água podem causar uma série de problemas para a cadela gestante.

Caso seja observado algum distúrbio durante a gestação como, por exemplo, perda de apetite, tristeza, abatimento, excitação, febre ou corrimento vaginal (com ou sem sangue), ela deve ser levada, imediatamente, ao médico veterinário, para que o problema possa ser diagnosticado com segurança e controlado o mais rapidamente possível, pois disso pode depender o sucesso da gestação ou a ocorrência de um aborto.

Falsa gestação

A falsa gravidez pode acontecer a uma cadela no cio que seja colocada com um macho e que seja coberta por ele, normalmente.

A cadela começa, logo depois, a apresentar sintomas de gestação: fica mais calma, começa a engordar, o seu ventre vai aumentando de volume, suas mamas aumentam e, quando as tetas são espremidas, sai delas um leite.

Passam mais de 60 dias e a fêmea não entra em trabalho de parto, não tendo os tão esperados filhotes. Começa, então, a emagrecer e volta a seu estado normal.

Nesses casos, há uma falsa gestação ou pseudo-gestação, também chamada gestação psicológica, porque a cadela, ou por ter acasalado com um macho estéril ou por ter montado sobre um macho ou mesmo sobre uma outra cadela, ou por ter sido por ela montada, entrou em orgasmo ou teve muitos estímulos hormonais, desencadeando o seu mecanismo de reprodução, fazendo com que ela "pensasse" que estivesse grávida e por isso apresentasse todos os sintomas de uma gestação verdadeira. Quando isso ocorre, a única providência a ser tomada é esperar um novo cio, para que a cadela seja acasalada novamente.

Pode ocorrer, também, que uma cadela seja acasalada pelo macho e entre em gestação, normalmente, mas que os embriões não sobrevivam, interrompendo essa gestação. Por esse motivo e apesar de a cadela não mais estar grávida, sua mente ainda está condicionada a esse estado e por isso ela continua apresentando todos os sintomas; trata-se também de uma falsa ou pseudo-gestação, mas por outras causas. Seus sintomas persistem até à época do parto, que não acontece e desaparecem logo, voltando a cadela ao seu estado normal.

Várias podem ser as causas da morte de embriões como, por exemplo, os fatores letais hereditários que podem aparecer devido à consanguinidade, principalmente estreita, entre parentes próximos; ou intoxicações; ou determinadas doenças.

O leite e a falsa gestação

A cadela que está em falsa gestação, quando chega a época do parto, geralmente começa a ficar com as mamas maiores, túrgidas e a produzir leite. Compressas de panos quentes e massagens podem diminuir as dores que ela sente quando as mamas ficam muito cheias. Nesses casos, é melhor tirar um pouco de leite para aliviar as mamas e o sofrimento da cadela, embora essas "retiradas" possam aumentar a sua produção leiteira. Há medicamentos apropriados e de ação rápida para interromper a lactação, que podem ser indicados por um veterinário de confiança.

A cadela em falsa gestação pode ser aproveitada como ama de leite para filhotes excedentes de outra cadela ou órfãos.

Ventre sujo ou cadela "estragada" (telegonia)

Algumas pessoas acreditam que quando uma cadela pura, de uma raça, é coberta por um macho de outra raça ou sem raça definida, ela fica "estragada" ou com o "ventre sujo" e que, mesmo que no cio seguinte seja acasalada com um ótimo cão da sua raça, não dará bons filhotes. Isso está totalmente errado, pois uma gestação, sob o aspecto do fator hereditário ou genético, nada tem a ver com as gestações anteriores e nada terá com as gestações seguintes e vamos explicar o porquê disso.

Quando uma cadela entra no cio, produz certo número de óvulos maduros que são lançados dos ovários para as trompas, onde alguns deles são fecundados pelos espermatozoides ejaculados pelo macho, transformando-se em ovos férteis que, das trompas vão para o útero, no qual se fixam, iniciando-se a gestação.

Os óvulos que não foram fecundados e os espermatozoides que "sobraram", morrem dentro de algumas horas.

Assim sendo, a cadela fica livre de todo e qualquer elemento masculino ou feminino, ou seja, os espermatozoides e os óvulos, que poderiam inferir em uma nova gestação. A cadela fica, portanto, totalmente "limpa", sem possibilidade alguma desse macho que a acasalou influir em uma segunda gestação, pois não há condições de seus espermatozoides sobreviverem no interior da cadela por vários meses ou de os óvulos por eles fecundados se conservarem, também, até uma nova gestação.

Como é por meio dos espermatozoides, pelos cromossomos que eles possuem, que o macho transmite suas características aos seus descendentes (filhotes), se na gestação seguinte não mais existirem espermatozoides do macho que fez a cobertura anterior, é impossível que ele influa em uma nova gestação que a cadela venha a ter, no mínimo, 6 meses depois.

Aborto

É a expulsão dos fetos antes de eles completarem o seu desenvolvimento no útero da cadela. Embora não seja muito comum, as cadelas podem abortar: é o aborto natural.

Várias, no entanto, são as causas que podem provocar o aborto, destacando-se, entre elas:

- Quedas;
- Traumas ou "pancadas";
- Diversas doenças;
- Calor excessivo;
- Fêmea acasalada com macho com blenorragia;
- Sustos provocados por barulhos súbitos como tiros, gritos, explosões etc.;

- Presença de animais estranhos;
- Cadelas muito novas;
- Acasalamentos com machos muito novos;
- Intoxicações alimentares ou medicamentosas;
- Envenenamentos;
- Constipação (prisão de ventre) por alimentação mal balanceada, com excesso de grãos e farelos;
- Alimentação escassa ou de má qualidade;
- Gordura excessiva.

Quando uma cadela aborta, deve ser isolada de outros cães e levada, o mais rapidamente possível, a um médico veterinário, para exame e diagnóstico da causa do aborto.

Existe também o aborto provocado, quando o proprietário da cadela não quer que ela tenha a ninhada, geralmente por ter sido coberta acidentalmente, contra a sua vontade, por um cão defeituoso, de outra raça ou mestiço.

Quando isso ocorre, a cadela deve ser levada logo ao veterinário, pois quanto mais cedo for provocado o aborto, menos sofrimento e danos causará à cadela. O ideal é provocá-lo até 2 dias após a cobertura, pois ainda será possível impedir a nidação, isto é, que o óvulo já fecundado se fixe no útero. Dessa maneira, a gestação não chega a ser iniciada.

Mesmo depois desse prazo, é possível interromper uma gestação, mas, o melhor, para a saúde da cadela, é deixar que ela tenha, normalmente, os seus filhotes.

Filhote de 2 meses, laranja - prop. Diogo Salas Ortiz - Canil Little Crystal.

CAPÍTULO 13

Padrão oficial da raça

O padrão oficial da raça Spitz Alemão, segundo a Confederação Brasileira de Cinofilia, filiada à Fédération Cynologique International, é o que segue:

1. Spitz Lobo/Keeshond
2. Spitz grande – Spitz médio – Spitz pequeno
3. Spitz Anão/Pomerânia

CONFEDERAÇÃO BRASILEIRA DE CINOFILIA
Filiada à Fédération Cynologique International

Classificação F.C.I.
Grupo 5 – Spitz e cães de tipo Primitivo
Seção 4 – Spitz Europeus
Padrão FCI no 208 – 4 de setembro de 2019
País de origem – Alemanha
Nome no país de origem – Deutsche Spitze
Utilização – Companhia. Sem prova de trabalho

1. Spitz Alemão Lobo/Keeshond (Wolfsspitz/Keeshond)

Aparência geral

Os Spitz cativam pela beleza de sua pelagem, feita para se destacar externamente ao abundante subpelo. Particularmente impressionante é a farta pelagem ao redor do pescoço, como uma juba (rufo), e a espessa cauda atrevidamente portada sobre o dorso. A cabeça de raposa com olhos alertas e as pequenas orelhas pontudas, inseridas próximas uma da outra, dão aos Spitz sua característica única, uma aparência atrevida.

Comportamento/Temperamento

Alegre e extraordinariamente ligado ao seu dono. É muito dócil e fácil de ser treinado. Sua natural desconfiança em relação a estranhos e sua ausência de instinto de caça fazem dele um ótimo cão de companhia e guarda. Não é nem tímido nem agressivo. Indiferente ao clima, robustez e longevidade são seus atributos mais importantes.

Cabeça

Tamanho médio; vista de cima parece mais larga em sua parte posterior e diminui, em forma de cunha, até a ponta da trufa.

Região craniana

Stop: moderado a marcado, nunca abrupto.

Região facial

Trufa

Redonda, pequena e de cor preto puro. Focinho: Não muito longo, nem grosseiro nem pontudo, e harmoniosamente proporcional ao crânio (aproximadamente 2:3).

Lábios

Não são exagerados, bem aderentes ao maxilar e não formam nenhuma ruga nos cantos da boca (comissuras labiais). São completamente pretos.

Maxilares/Dentes

Os maxilares são normalmente desenvolvidos e mostram uma completa mordedura em tesoura, com 42 dentes, correspondendo à fórmula dentária do cão, isto é, os dentes (incisivos) superiores se fecham ajustados aos dentes (incisivos) inferiores, com dentes ortogonalmente inseridos nos maxilares. Presas (caninos) fortes e perfeitamente encaixadas. Mordedura em torquês é permitida. Bochechas: são delicadamente arredondadas, sem serem protuberantes.

Olhos

De tamanho médio, amendoados, ligeiramente oblíquos e escuros. As pálpebras são pretas.

Orelhas

Inseridas altas e relativamente próximas entre si, pequenas triangulares e pontudas; estão sempre portadas eretas, rígidas nas pontas.

Pescoço

De comprimento médio, é largo na inserção entre os ombros; ligeiramente arqueado, sem barbelas e coberto por uma pelagem espessa e abundante, que forma uma grande juba.

Tronco

Funde-se em uma suave curva com o dorso, que é curto e reto. A cauda espessa e vasta cobre parcialmente o dorso arredondando a silhueta.

Cernelha

É alta e desce imperceptivelmente para o dorso.

Dorso

O mais curto possível, reto e firme.

Lombo

É curto, largo e forte.

Peito

Profundo e bem arqueado; antepeito bem desenvolvido.

Linha inferior e ventre

A caixa torácica alcança o mais profundo possível; o ventre tem somente uma ligeira elevação.

Cauda

Inserida e portada no nível do dorso, alcançando os jarretes, sem curvatura na ponta.

Membros anteriores

Aparência geral: retos, com a frente mais larga e com boa resistência óssea.

Ombros

Bem musculosos e firmemente conectados ao tórax. A escápula é longa e bem colocada para trás.

Braços
Aproximadamente do mesmo comprimento da escápula; formam um ângulo de 90° com ela.
Cotovelos
A articulação dos cotovelos é forte; são adequadamente ajustados ao tórax e não viram nem para dentro nem para fora.
Antebraços
De comprimento médio em relação ao corpo, fortes e completamente retos. A parte de trás do antebraço é bem franjada.
Metacarpos
Fortes, de comprimento médio, e formam um ângulo de 20° com a vertical.
Patas dianteiras
São tão pequenas quanto possível, redondas, com dedos bem fechados e arqueados, chamados "pés de gato". A cor das unhas e almofadas (coxins) deve ser tão escura quanto possível.
Membros posteriores
Aparência geral: os posteriores são muito musculosos e abundantemente franjados até os jarretes. As pernas posteriores são retas e paralelas.
Coxas e pernas
São aproximadamente do mesmo tamanho.
Joelhos
De articulação forte, com uma angulação somente moderada; em movimento, não viram nem para dentro nem para fora.
Metatarsos (jarretes)
De comprimento médio, muito fortes e verticais ao solo.
Patas traseiras
São tão pequenas quanto possível, redondas, com dedos bem fechados e arqueados, chamados "pés de gato". A cor das unhas e almofadas (coxins) deve ser tão escura quanto possível.

Movimentação
O Spitz Alemão Lobo/Keeshond se move reto para a frente, com boa propulsão, fluente e elástica.

Pele
Pele cobre o corpo firmemente, sem nenhuma ruga.

Pelagem
O Spitz Alemão Lobo/Keeshond tem pelagem dupla: o pelo de cobertura (revestimento) é longo, reto, saliente e firme; o subpelo (pelo interno) é curto e espesso, como algodão. Cabeça, orelhas, parte da frente dos membros anteriores e posteriores e as patas são cobertas por pelo curto e denso (aveludado), o resto do corpo tem uma longa e rica pelagem; não ondulada, encaracolada ou desgrenhada, e nem repartida no dorso. Pescoço e ombros são cobertos por uma abundante juba. A parte posterior dos membros anteriores é bem franjada, os membros posteriores são abundantemente franjados da garupa até os jarretes, a cauda é espessa. A pelagem não deve ser visivelmente modelada ("trimming" e/ou "grooming" que não pareça natural).

Cor
Cinza sombreado. A cor da pelagem do Spitz Alemão Lobo / Keeshond é um cinza prateado com as pontas pretas. Focinho e orelhas de cor escura; ao redor dos olhos os "óculos" bem definidos, apresentam-se como delicadas pinceladas de linhas pretas partindo do canto externo dos olhos para o canto mais baixo da orelha, junto com marcas definidas e sombreadas formando uma expressiva sobrancelha; juba e colar mais claros sobre os ombros; anteriores e posteriores sem nenhuma marca preta sob os cotovelos ou joelhos, exceto por ligeiras pinceladas pretas nos dedos; ponta da cauda preta; abaixo da cauda (face ventral) e culotes em cinza prateado pálido.

Tamanho/Peso
Altura na cernelha de 49 cm com variação de +/– 6 cm. O Spitz Alemão Lobo/ Keeshond deve ter peso correspondente ao seu tamanho.

2. Spitz Alemão grande – Spitz Alemão médio Spitz Alemão pequeno (Grosspitz – Mittelspitz – Kleinspitz)

Aparência geral

Todos os Spitz têm a mesma morfologia e, por isso, a mesma aparência. A única diferença entre a raça é o tamanho do cão, e a cor da pelagem.

Proporções importantes

A relação entre a altura na cernelha e o comprimento do corpo é de 1:1. A relação entre o comprimento do focinho e o comprimento do crânio dos Spitz Grande, Médio e Pequeno é de aproximadamente 2:3.

Comportamento/Temperamento

Como mencionado, o Spitz Alemão está sempre alerta, é alegre e muito apegado ao seu dono. É dócil e fácil de ser treinado, sendo ideal como cão de companhia e guarda para casas e fazendas. Não é agressivo apesar de ser arisco a estranhos. Indiferente ao clima, é um cão robusto e de vida longa.

Cabeça/região craniana

Cabeça de tamanho médio; vista de cima parece mais larga em sua parte posterior e diminui, em forma de cunha, até a ponta da trufa. Stop: moderado a marcado, nunca abrupto.

Região facial

Trufa

Redonda, pequena e de cor preto puro; marrom escuro nos Spitz de cor marrom.

Focinho

Redonda, pequena e de cor preto puro; marrom escuro nos Spitz de cor marrom.

Lábios

Não são exagerados, bem aderentes ao maxilar e não formam nenhuma ruga nos cantos da boca (comissuras labiais). São completamente pretos; ou marrons nos Spitz de cor marrom.

Maxilares/Dentes
Os maxilares são normalmente desenvolvidos e mostram uma completa mordedura em tesoura, com 42 dentes, correspondendo à fórmula dentária do cão, isto é, os dentes (incisivos) superiores se fecham ajustados aos dentes (incisivos) inferiores, com dentes ortogonalmente inseridos nos maxilares. Presas (caninos) fortes e perfeitamente encaixadas. A ausência de alguns pré-molares é tolerada no Spitz Médio e no Pequeno. Mordedura em torquês é permitida. As bochechas são delicadamente arredondadas, mas não protuberantes.
Olhos
São de tamanho médio, amendoados, ligeiramente oblíquos e escuros. As pálpebras são pretas; ou de coloração marrom-escura nos Spitz de cor marrom.
Orelhas
As pequenas orelhas são inseridas altas e relativamente próximas entre si, triangulares e pontudas; estão sempre portadas eretas, rígidas nas pontas.
Pescoço
De comprimento médio, é largo na inserção entre os ombros; ligeiramente arqueado, sem barbelas e coberto por uma pelagem espessa e abundante, que forma uma grande juba.
Tronco linha superior
Funde-se em uma suave curva com o dorso, que é curto e reto. A cauda espessa, vasta e que cobre parcialmente o dorso arredonda a silhueta.
Cernelha
A cernelha alta desce imperceptivelmente para o dorso.
Dorso
O mais curto possível, reto e firme.
Lombo
Curto, largo e forte.
Garupa
Larga e curta, sem ser caída.

Peito
Profundo e bem arqueado; antepeito bem desenvolvido.
Linha inferior e ventre
A caixa torácica alcança o mais profundo possível; o ventre tem somente uma ligeira elevação.
Cauda
Inserida alta e de tamanho médio. Projeta-se para cima e curva-se para a frente sobre o dorso; reta desde a raiz. Coloca-se firmemente sobre o dorso e é coberta por uma pelagem bem espessa. Uma curva dupla na ponta da cauda é tolerada.
Membros anteriores
Aparência geral: retos, com a frente mais larga e com boa resistência óssea.
Ombros
São bem musculosos e firmemente conectados ao tórax. A escápula é longa e bem colocada para trás.
Braços
Aproximadamente do mesmo comprimento da escápula; formam um ângulo de 90° com ela.
Cotovelos
Articulação do cotovelo é forte; são adequadamente ajustados ao tórax e não virando nem para dentro nem para fora.
Antebraços
De comprimento médio em relação ao corpo, fortes e completamente retos. A parte de trás do antebraço é bem franjada.
Metacarpos
Fortes, de comprimento médio, formam um ângulo de 20° com a vertical.
Patas dianteiras
São tão pequenas quanto possível, redondas, com dedos bem fechados e arqueados, chamados "pés de gato". A cor das unhas e almofadas (coxins) deve ser tão escura quanto possível.

Membros posteriores
Aparência geral: os posteriores são muito musculosos e abundantemente franjados até os jarretes. As pernas posteriores são retas e paralelas.
Coxas e pernas
São aproximadamente do mesmo tamanho.
Joelhos
De articulação forte, com uma angulação somente moderada; em movimento, não viram nem para dentro nem para fora.
Metatarsos (jarretes)
De comprimento médio, muito fortes e verticais ao solo.
Patas traseiras
São tão pequenas quanto possível, redondas, com dedos bem fechados e arqueados, chamados "pés de gato". A cor das unhas e almofadas (coxins) deve ser tão escura quanto possível.
Movimentação
O Spitz Alemão se move reto para a frente, com boa propulsão, fluente e elástica.
Pele
A pele cobre o corpo firmemente, sem nenhuma ruga.
Pelagem
O Spitz Alemão Grande, Médio e Pequeno tem pelagem dupla: o pelo de cobertura (revestimento) é longo, reto, saliente e firme; o subpelo (pelo interno) é curto e espesso, como algodão. Cabeça, orelhas, parte da frente dos membros anteriores e posteriores e as patas são cobertas por pelo curto e denso (aveludado), o resto do corpo tem uma longa e rica pelagem; não ondulada, encaracolada ou desgrenhada, e nem repartida no dorso. Pescoço e ombros são cobertos por uma abundante juba. A parte posterior dos membros anteriores é bem franjada, os membros posteriores são abundantemente franjados da garupa até os jarretes, a cauda é espessa. A pelagem não deve ser visivelmente modelada ("trimming" e/ou "grooming" que não pareça natural).

Cores
Spitz Alemão grande
Branco, preto, marrom. Nos pretos e marrons, manchas brancas no peito, patas e ponta da cauda são permitidas.
Spitz Alemão médio
Branco, preto, marrom, laranja, cinza sombreado, outras cores.
Spitz Alemão pequeno
Branco, preto, marrom, laranja, cinza sombreado, outras cores.
Spitz branco
O pelo deve ser branco puro, mas pequenos traços de amarelo, que eventualmente ocorrem, especialmente nas orelhas, são tolerados.
Spitz preto
O Spitz preto deve ter o subpelo e a pele também pretos e a pelagem de cobertura deve ser preto brilhante sem nenhuma marca branca ou de outra cor.
Spitz marrom
O Spitz marrom deve ser uniformemente marrom escuro.
Spitz laranja
O Spitz laranja deve ser uniformemente monocromático na variação (tom) média da cor. Tons mais claros no peito, cauda e na parte posterior das coxas são permitidos.
Spitz cinza sombreado
Cinza prateado com as pontas dos pelos pretas. Focinho e orelhas de cor escura; ao redor dos olhos os "óculos" bem definidos, apresentam-se como delicadas pinceladas de linhas pretas partindo do canto externo dos olhos para o canto mais baixo da orelha, junto com marcas definidas e sombreadas formando uma pequena mas expressiva sobrancelha; juba e colar mais claros sobre os ombros; anteriores e posteriores sem nenhuma marca preta sob os cotovelos ou joelhos, exceto por ligeiras pinceladas pretas nos dedos; ponta da cauda preta; abaixo da cauda (face ventral) e culotes em cinza prateado pálido.

Spitz de outras cores
O termo "outras cores" aplica-se às seguintes colorações: creme, creme-"sable" (creme-zibelino), laranja-"sable" (laranja-zibelino), preto e castanho ("tan") e malhados (particoloridos). Cães malhados (particoloridos) devem ter o branco como cor base. As manchas devem ser de uma só cor, preta ou marrom ou cinza sombreado ou laranja ou laranja-"sable" ou creme ou creme-"sable", e devem ser preferencialmente distribuídas por todo o corpo.
Tamanho/Peso
Cada variedade de Spitz Alemão deve ter o peso correspondente ao seu tamanho. Altura na cernelha:
Spitz Alemão grande
45 cm com variação de +/– 5 cm.
Spitz Alemão médio
35 cm com variação de +/– 5 cm.
Spitz Alemão pequeno
27 cm com variação de +/– 3 cm.

3. Spitz Alemão Anão / Pomerânia (Zwergspitz / Pomeranian)

Aparência geral

É o menor membro da família dos Spitz, mas conserva todas as características da raça, principalmente a beleza da pelagem.

Proporções importantes

A relação entre a altura na cernelha e o comprimento do corpo é de 1:1. A relação entre o comprimento do focinho e o comprimento do crânio dos Spitz Anão/Pomerânia é de aproximadamente 2:4.

Comportamento/Temperamento

Como os demais da raça, o Spitz Alemão Anão/Pomerânia é dinâmico, atento, animado e apegado ao tutor. É muito dócil e fácil de ser treinado. Sua natureza sociável o torna o ideal como cão de companhia e, mesmo sendo pequeno, é um ótimo vigia para quem mora em casa ou apartamento. Não é um cão agressivo, mas é desconfiado e arisco a estranhos.

Cabeça/região craniana

Cabeça de tamanho médio; vista de cima parece mais larga em sua parte posterior e diminui, em forma de cunha, até a ponta da trufa. Stop: Moderado a marcado, nunca abrupto.

Região facial

Trufa

Redonda, pequena e de cor preto puro; ou marrom-escuro nos Spitz de cor marrom.

Focinho

Não muito longo, nem grosseiro nem pontudo, e harmoniosamente proporcional ao crânio (aproximadamente 2:4).

Lábios

Não são exagerados, bem aderentes ao maxilar e não formam nenhuma ruga nos cantos da boca (comissuras labiais). São completamente pretos, ou marrons nos Spitz de cor marrom.

Maxilares/Dentes

Os maxilares são normalmente desenvolvidos e mostram uma completa mordedura em tesoura, com 42 dentes, correspondendo à fórmula dentária do cão, isto é, os dentes (incisivos) superiores se fecham ajustados aos dentes (incisivos) inferiores, com dentes ortogonalmente inseridos nos maxilares. Presas (caninos) fortes e perfeitamente encaixadas. A ausência de alguns pré-molares é tolerada em Spitz Anão / Pomerânia. Mordedura em torquês é permitida.

Bochechas

São delicadamente arredondadas, mas não protuberantes.

Olhos

São de tamanho médio, amendoados, ligeiramente oblíquos e escuros. As pálpebras são pretas, ou de coloração marrom-escura nos Spitz de cor marrom.

Orelhas

Os pequenas orelhas são inseridas altas e relativamente próximas entre si, triangulares e pontudas; estão sempre portadas eretas, rígidas nas pontas.

Pescoço

De comprimento médio, é largo na inserção entre os ombros; ligeiramente arqueado, sem barbelas e coberto por uma pelagem espessa e abundante, que forma uma grande juba.

Tronco linha superior

Funde-se em uma suave curva com o dorso, que é curto e reto. A cauda é espessa, vasta e cobre parcialmente o dorso arredondando a silhueta.

Cernelha

A cernelha alta desce imperceptivelmente para o dorso.

Dorso

O mais curto possível, reto e firme.

Lombo

Curto, largo e forte.

Garupa

Larga e curta, sem ser caída.

Peito
O peito é profundo e bem arqueado; antepeito bem desenvolvido.
Linha inferior e ventre
A caixa torácica alcança o mais profundo possível; o ventre tem somente uma ligeira elevação.
Cauda
Inserida alta e de tamanho médio. Projeta-se para cima e curva-se para a frente sobre o dorso; reta desde a raiz. Coloca-se firmemente sobre o dorso e é coberta por uma pelagem bem espessa. Uma curva dupla na ponta da cauda é tolerada.
Membros anteriores
Aparência geral: retos, com a frente mais larga e com boa resistência óssea.
Ombros
Os ombros são bem musculosos e firmemente conectados ao tórax. A escápula é longa e bem colocada para trás.
Braços
Os braços são aproximadamente do mesmo comprimento das escápulas; formam um ângulo de 90° com elas.
Cotovelos
A articulação do cotovelo é forte; são adequadamente ajustados ao tórax e não virando nem para dentro nem para fora.
Antebraços
De comprimento médio em relação ao corpo, fortes e completamente retos. A parte de trás do antebraço é bem franjada.
Metacarpos
Fortes, de comprimento médio, e formam um ângulo de 20° com a vertical.
Patas dianteiras
As patas dianteiras são tão pequenas quanto possível, redondas, com dedos bem fechados e arqueados, chamados "pés de gato". A cor das unhas e almofadas (coxins) deve ser tão escura quanto possível.

Membros posteriores

Aparência geral: os posteriores são muito musculosos e abundantemente franjados até os jarretes. As pernas posteriores são retas e paralelas.

Coxas e pernas

São aproximadamente do mesmo tamanho.

Joelhos

De articulação forte, com uma angulação somente moderada; em movimento, não viram nem para dentro nem para fora.

Metatarsos (jarretes)

De comprimento médio, muito fortes e verticais ao solo.

Patas traseiras

São tão pequenas quanto possível, redondas, com dedos bem fechados e arqueados, chamados "pés de gato". A cor das unhas e almofadas (coxins) deve ser tão escura quanto possível.

Movimentação

O Spitz Alemão Anão/Pomerânia se move reto para frente, com boa propulsão, fluente e elástica.

Pele

A pele cobre o corpo firmemente, sem nenhuma ruga.

Pelagem

O Spitz Alemão Anão / Pomerânia tem pelagem dupla: o pelo de cobertura (revestimento) é longo, reto, saliente e firme; subpelo curto e espesso, como algodão. Cabeça, orelhas, parte da frente dos membros anteriores e posteriores e as patas são cobertas por pelo curto e denso (aveludado), o resto do corpo tem uma longa e rica pelagem; não ondulada, encaracolada ou desgrenhada, e nem repartida no dorso. Pescoço e ombros são cobertos por uma abundante juba. A parte posterior dos membros anteriores é bem franjada, os membros posteriores são abundantemente franjados da garupa até os jarretes, a cauda é espessa. A pelagem não deve ser visivelmente modelada ("trimming" e/ou "grooming" que não pareça natural).

Cores

Spitz Alemão Anão/Pomerânia

Pode ser encontrado nas cores: branco, preto, marrom, laranja, cinza sombreado, outras cores.

Spitz branco

O pelo deve ser branco puro, mas pequenos traços de amarelo, que eventualmente ocorrem, especialmente nas orelhas, são tolerados.

Spitz preto

No Spitz preto, o subpelo e a pele também devem ser pretos e a pelagem de cobertura deve ser preto brilhante sem nenhuma marca branca ou de outra cor.

Spitz marrom

O Spitz marrom deve ser uniformemente marrom escuro.

Spitz laranja

O Spitz laranja deve ser uniformemente monocromático na variação (tom) média da cor. Tons mais claros no peito, cauda e na parte posterior das coxas são permitidos.

Spitz cinza sombreado

Cinza prateado com as pontas dos pelos pretas. Focinho e orelhas de cor escura; ao redor dos olhos os "óculos" bem definidos, apresentam-se como delicadas pinceladas de linhas pretas partindo do canto externo dos olhos para o canto mais baixo da orelha, junto com marcas definidas e sombreadas formando uma pequena mas expressiva sobrancelha; juba e colar mais claros sobre os ombros; anteriores e posteriores sem nenhuma marca preta sob os cotovelos ou joelhos, exceto por ligeiras pinceladas pretas nos dedos; ponta da cauda preta; abaixo da cauda (face ventral) e culotes em cinza prateado pálido.

Spitz de outras cores

O termo "outras cores" aplica-se às seguintes colorações: creme, creme-"sable" (creme-zibelino), laranja-"sable" (laranja-zibelino), preto e castanho ("tan") e malhados (particoloridos). Cães malhados (particoloridos) devem ter o branco como cor base. As manchas devem ser de uma só cor, preta ou marrom ou cinza sombreado ou laranja ou laranja-"sable" ou creme ou creme-"sable", e devem ser preferencialmente distribuídas por todo o corpo.

Tamanho/Peso

O Spitz Anão/Pomerânia deve ter peso correspondente ao seu tamanho. Altura na cernelha: apresenta 21 cm com variação de +/– 3 cm.

Macho laranja, 3 meses - prop. Diogo Salas Ortiz - Canil Little Crystal.

Nico, macho - Black and Tan, 3 anos - prop. Diogo Salas Ortiz - Canil Little Crystal.

Sobre o autor

Márcio Infante Vieira, Médico Veterinário graduado pela Universidade Federal Fluminense, é o autor, na área de Pecuária e de animais de estimação, com o maior número de publicações no Brasil.

Foi fundador e 1º Presidente da Associação Fluminense de Cunicultura, tendo em sua vasta carreira ocupado cargos como Conselheiro do Alto Conselho Agrícola do Estado de São Paulo, Assistente da Divisão de Medicina Veterinária do Instituto Vital Brazil, membro do Conselho de Agricultura do Estado do Rio de Janeiro, Fiscal da Carteira Agrícola do Banco do Brasil, Coordenador Técnico do Banco Central do Brasil e Presidente da Associação Brasileira de Criadores de Coelhos.

Com grande experiência em Zootecnia, atuou como consultor técnico para diversos criadores, cooperativas e associações de criadores. Especializou-se em pequenos animais para criação comercial, como coelhos, rãs, minhocas, escargots, abelhas etc. Tornou-se, também, um grande pesquisador na área de animais de estimação, especialmente na de cães.

Rainbow Rider - Tom - Russo - prop. Diogo Salas Ortiz - Canil Little Crystal.